¿A quién le importa la cultura?

ARMANDO GARCÍA ORSO

"Escuchamos hablar de la cultura como sinónimo de las artes, como un elemento importante en nuestra formación. La realidad es que conocemos poco de la cultura y su amplitud nos rebasa. Al final parece que a nadie le importa, por lo tanto se hace necesario hablar más de ella para entenderla"

Armando García Orso

Presentación

En los últimos años el tema de la cultura ha venido adquiriendo importancia, principalmente entre los políticos, como si la cultura fuera un descubrimiento nuevo y personal. En gran medida este interés parte de la promoción que se les ha hecho a las ciudades que han asumido la cultura como eje de desarrollo, destacándose el "Caso Medellín" que no es un caso nuevo y es producto de un largo periodo de tiempo y la suma de muchas iniciativas. El caso de la ciudad de Tijuana, Baja California, en México, que pasó por un difícil periodo de violencia y que a partir, principalmente, de un intenso trabajo de organismos civiles en la comunidad, gestores culturales independientes y la suma de las instituciones de gobierno se logra volver a un estado de paz. Los ciudadanos no dejaron de salir a la calle, no se dejó el espacio público en mano de los delincuentes y se abrieron espacios de reflexión en torno al papel de la cultura contra la violencia. Se ha mencionado en infinidad de fórums que el nuevo orden cultural consolida al marco local metropolitano como el ámbito por excelencia de la dinámica cultural contemporánea, es el espacio municipal donde su dimensión permite una mayor influencia, una medición, una evaluación y un seguimiento a las políticas culturales. La cultura no es un discurso y este libro tiene la intención de abordar de manera muy general los ámbitos más sobresalientes de la cultura para que al menos, cuando se hable de ella, se tenga una visión más integral de sus alcances y su importancia en la vida comunitaria. En la medida que la dimensión cultural incida en la dimensión política, en la dimensión social y en la dimensión económica podremos tener la certeza que habrá cambios positivos en nuestras comunidades. Es una tarea de todos, ni el gobierno solo, ni la sociedad sola pueden generar los cambios necesarios, es el esfuerzo en conjunto que nos lleva a lograrlos. Uno de los aspectos que habría qué resaltar es la dimensión creativa de la cultura necesaria para afrontar los retos del futuro. A través de ella podremos contar con ciudadanos más responsables, críticos y participativos. La creatividad nos lleva a encontrar nuevas soluciones, nos permite asumir nuestro entorno como un espacio para el cambio y nos obliga a una participación comunitaria más activa. Estas notas no pretenden ser un manual sino una guía. Cada tema abre nuevas perspectivas a un saber de la cultura que se hace necesario en tiempos donde se redefinen paradigmas y se asumen nuevos rumbos. No hay otro camino que el de la tolerancia, la diversidad, el sentido comunitario y la verdad. La cultura nos da las herramientas necesarias para afrontar esta realidad. Y somos nosotros, los ciudadanos, los responsables de responder positivamente a un entorno que se vuelve complicado.

¿Realmente a alguien le importa la cultura?

El arte se convierte en un antídoto para la experiencia del miedo y el terror individual, personal e inter-subjetivo (socialmente construido y culturalmente compartido). Rossana Reguillo

Néstor García Canclini dice que uno de los pocos consensos que existe hoy en los estudios sobre cultura es que no hay consenso. Hay quien dice que todo es cultural y otros que todo está sometido a lo económico, incluso la cultura. Una gran mayoría, sobre todo los políticos hablan de la cultura como algo "muy importante" pero la someten ante las presiones sociales, de seguridad o de salud, es decir: no les es "tan importante". A los padres de familia les preocupa el futuro de sus hijos, los enfocan a cursar carreras "productivas", es decir que generen grandes ingresos. Por otro lado parece que la tendencia es a "consumir cultura", la formación, la investigación, la divulgación, la creación de redes, vaya, la creación en sí misma parece no importar. Entonces vemos la proliferación de grandes espacios, los grandes teatros, las grandes bibliotecas, los grandes centros culturales, los grandes conciertos, las grandes plazas, las grandes producciones teatrales y operísticas, y ¿la convivencia y la participación? Mientras tanto el espacio público y el tejido de relaciones comunitarias, se va degradando por falta de espacios donde poder ejercitar los lentos procesos de construcción de cultura y democracia. O los grandes museos, claro sin proyecto de interpretación. Parece que lo que importa es lo global, el personaje importante que viene de fuera, el turista con dinero que visita la ciudad -sólo el que trae mucho dinero- el actor famoso- si no es famoso aunque sea un gran creador, no importa- el gran director de cine – si no sale en revistas del corazón, no debe ser tan bueno- o si es muy joven, tampoco importa. Nos empezamos a confundir con espectáculo y cultura y hasta lo justificamos con el "pero tiene mucho público", ¡maravillosa manera de evaluar!

El patrimonio se convierte en un asunto de cómo se puede comercializar, si es pequeño, aunque sea culturalmente muy importante, no cuenta, no hay que invertirle. La evaluación cualitativa, la evaluación del impacto social ¿qué es eso? Las necesidades de los barrios, los organismos vecinales, la diversidad, la acción social, entendida como la participación activa de la sociedad en los procesos culturales y sus manifestaciones, los públicos, los centros urbanos, que en la ciudad contemporánea son más de uno , son elementos que se dejan atrás, en los que no se reflexiona ni actúa. Los medios de comunicación se encuentran entre la alarma y el escándalo. Las nuevas tecnologías pueden ser un factor muy importante de comunicación e interacción, la difusión de contenidos y promover una mayor democracia cultural y no ser una barrera más entre la sociedad. Y ser un vehículo para poner en relación a todos los agentes implicados: creadores e intérpretes individuales y colectivos, asociaciones culturales, vecinos, administraciones e instituciones. Pero ¿realmente nos importa? O preferimos chatear con el último chisme y subir solo la última foto graciosa del grupo de amigos. En estos momentos de coyuntura donde la crisis de significado y un orden social se ve sobrepasado por los actos violentos, fragmentados y autoritarios, prácticas de terror y experiencias de desconfianza y miedo, y por otro lado, vivimos la crisis de legitimidad de las instituciones oficiales habría que aprovechar el querer intensificar la cultura, y las artes en particular, como práctica de supervivencia, como posibilidad de futuro, de recuperación de valores, del espacio público, de la convivencia, de la amistad. *Ana María Ochoa*, investigadora asociada del Instituto Colombiano de Antropología e Historia, comenta que "habría que reinstaurar de una manera diferente este recurso de la "cultura" y las artes, redefiniendo la relación compleja y profunda que atraviesa la experiencia creativa, a saber, entre violencia, cultura, sociedad, ciudadanía, espacio público, espacio privado y sentido de sujeto"…. ¿nos importa verdaderamente la cultura?

La cultura…
Entre lo indefinible y
la ausencia

"El diálogo entre operadores culturales e inversores se asemeja a una boda entre una carpa y un conejo: implica a personas que no están acostumbradas a trabajar juntas". Frédéric Bouilleux.

Cultura. Del Lat. Cultūra.

1. *f.* cultivo.

2. *f.* Conjunto de conocimientos que permite a alguien desarrollar su juicio crítico.

3. *f.* Conjunto de modos de vida y costumbres, conocimientos y grado de desarrollo artístico, científico, industrial, en una época, grupo social, etc.

La *Organización de las Naciones Unidas para la Educación, la Ciencia y la Cultura-UNESCO* establece que "como mostró el fracaso de los proyectos implementados desde los años 70, desarrollo no es sinónimo de crecimiento económico. Hay un medio de acceder a una vida intelectual, afectiva, moral y espiritual satisfactoria: el desarrollo como tal es inseparable de la cultura.

El refuerzo aportado por la cultura al desarrollo sostenible es un objetivo que se inició en el marco del Decenio Mundial para el Desarrollo Cultural (1988-1988). Desde entonces, se han llevado a cabo progresos gracias a un marco normativo de conjunto y a instrumentos de demostración: estadísticas culturales, inventarios, y cartografía nacional y regional de los recursos culturales. El reto consiste en convencer a los políticos responsables de las decisiones y a los actores sociales locales de que integren los principios de la diversidad cultural y los valores del pluralismo cultural en el conjunto de las políticas, mecanismos y prácticas públicas, especialmente gracias a la colaboración del sector público/sector privado. Se trata de anclar la cultura en todas las políticas de desarrollo, ya conciernan a la educación, las ciencias, la comunicación, la salud, el medio ambiente o el turismo, y de sostener el desarrollo del sector cultural mediante industrias creativas: así, a la vez que contribuye a la reducción de la pobreza, la cultura constituye un instrumento de cohesión social". Lo anterior lo hemos podido constatar en varias ciudades del mundo donde la dimensión cultural "envuelve" por decirlo de alguna manera la dimensión política, la dimensión económica y la dimensión social, dándoles un sentido, gestando una nueva ciudadanía más crítica, más participativa y más responsable. La inversión en cultura ha dado grandes dividendos para aquellos que han entendido su importancia en las comunidades, si observamos revistas de desarrollo económico, la cultura está ausente, como si ésta fuera un complemento de la sociedad que pudiera estar o no presente en el desarrollo. La misma ausencia se percibe en los discursos políticos o las posturas tecnológicas y científicas. "Lo cultural" va más allá de lo que se diseña en las oficinas o dependencias específicamente culturales y se vuelve

indispensable "culturizar" los planes estratégicos y las visiones de futuro de la ciudad. La sociedad civil también debe asumir su parte y tener un protagonismo que alcance un nivel de actividad y de presencia que las estructuras de gobierno no pueden asumir. La definición de cultura puede no importar tanto, la ausencia, sí preocupa. Como efecto, la cultura es la parte fundamental de nuestra visión del mundo, pero como causa, da lugar a cambios inimaginables de actitud que garantizan, por ejemplo, la paz y el desarrollo, o simplemente para mantener con vida el planeta, o simplemente modificar nuestra percepción del entorno. Termino con el pensamiento de *Jordi Martí* en la *Agenda 21 de la Cultura*: "La cultura no puede desarrollar su dimensión constituyente sin una participación ciudadana más profunda, sin abordar los mecanismos de construcción de la identidad, sin implicar la nueva ciudadanía procedente de las migraciones recientes, sin valorizar la solidaridad para con nuestros conciudadanos, sin incorporar las identidades múltiples y en evolución, sin priorizar la educación y la cultura como aspectos transversales de la vida de las personas".

Gestoría cultural…o el hacer que las cosas sucedan

"Vivimos tiempos en los cuales las actividades culturales están íntimamente vinculadas a la figura del gestor cultural". Jorge E. Padula Perkins.

Últimamente hemos escuchado de manera constante el término "gestor cultural", muchos se lo adjudican libremente, otros lo son y nunca lo mencionan, muchos más no tienen idea qué significa. *Gestión:* del latín *gestĭo*, el concepto de gestión hace referencia a la acción y al efecto de gestionar o de administrar. Gestionar es realizar diligencias conducentes al logro de un fin o de un deseo cualquiera. Administrar, por otra parte, consiste en gobernar, dirigir, ordenar, disponer u organizar. *Cultural* adj. Relativo a la cultura. Yo siempre la he descrito como la acción para que las cosas sucedan en materia de cultura. ¿Cuándo se reconoce la gestión cultural? Hacia 1959 tiene lugar el primer ministerio de cultura en Francia, bajo la dirección del también primer llamado promotor cultural *André Malraux.* Desde 1983 la *Dirección General de Promoción Cultural-DGPC,* en México, ya contaba con cursos para la capacitación de promotores culturales, hacia 2001 CONACULTA realiza seminarios, cursos, diplomados y un posgrado virtual de gestoría cultural. En varios puntos del país podemos encontrar actualmente licenciaturas y maestrías en gestión cultural. Sin embargo el

13:

término no acaba de entenderse ni de reconocerse, *Tulio Hernández*, reconocido Sociólogo, especializado en temas de Cultura y Comunicación, comenta que "el hecho de que lo cultural no sea un aparato en el sentido que lo son, por ejemplo, lo educativo, lo mediático e, incluso, la salud pública y que, por tanto, no haya generado, al menos en América Latina, sistemas confiables de seguimiento estadístico de sus realidades; la innegable circunstancia de que las escalas de necesidades en el campo de la cultura no tienen la contundencia, la visibilidad o el rango de amenazas que generalmente adquieren en otros campos (no hay epidemias, como en la salud; ni cifras para todos alarmantes, como las de analfabetismo o deserción escolar, en educación), son factores que en su conjunto hacen creer que la gestión de la cultura no requiere de los mismos "insumos" de realidad que otras esferas. Una cierta tradición romántica, voluntarista o *bellartística* hace que todavía muchos subestimen en la gestión cultural los instrumentos propiamente gerenciales, de desarrollo organizacional, o de investigación empírica que hoy son moneda común en cualquier otro tipo de intervenciones públicas". Del portal de la *Organización de Estados Iberoamericanos-OEI* extraje sólo algunas de las habilidades y competencias generales de los gestores culturales:

El gestor cultural requiere un nivel de comprensión de los procesos culturales y tendencias que se desarrollan en el mundo de la cultura y el arte y los nuevos enfoques de los estudios culturales en el ámbito internacional.

La evolución de los hechos reclama una capacidad de prospectiva y anticipación a los escenarios cambiantes de nuestra sociedad, concretamente en los procesos culturales y adaptación a los nuevos contextos de mundialización a partir del conocimiento de nuevos lenguajes y nuevas formas expresivas.

La propia realidad de la acción profesional de la gestión de la cultura reclama una competencia en objetivar su actividad y diferenciarla de otros sectores con los que la cultura está relacionada.

La gestión de la cultura exige una gran capacidad de situarse en un contexto social y político determinado, tanto desde la dimensión institucional, económica como legislativa.

La gestión de proyectos de cooperación exige trabajar y negociar permanentemente con contrapartes, socios o colaboradores de diferentes realidades nacionales a través del instrumento del proyecto de cooperación. Dinámica que necesita de sistemas de corresponsabilidad y cogestión que permitan el desglose de la acción del proyecto en actividades compartidas y resultados conjuntos.

Habilidad en el trabajo en la metodología de trabajo en estructuras en red interna de la organización como a escala externa de diferentes realidades.

Comprensión de los conceptos de empresa / organización red y de los nuevos métodos de producción y comercialización de productos culturales en estos contextos.

Requerimos de un debate abierto para revisar nuestras miradas internas, nuestras prácticas habituales, nuestro imaginario social, para poder realizar los cambios necesarios a través de la gestión cultural, que al fin la meta es la transformación social de la comunidad.

Cultura contra la violencia

"no es con armamento como se erradicará la violencia que se vive en el país, sino con la construcción de espacios que impartan cultura" Marcelo Ebrard

Es seguro que ya hemos escuchado en muchas ocasiones que la cultura es un antídoto contra la violencia pero ¿Cuál violencia? Cuando hablamos de violencia, hablamos de una situación de conflicto. Y ¿Cuál es el origen? ¿Cuáles son las causas? Entre ellas podemos encontrar la pobreza, entendida por la incapacidad de satisfacer las necesidades básicas, la incapacidad de entender al otro que se traduce en la insensibilidad social, en la indiferencia, en la intolerancia. En nuestras ciudades hay síntomas alarmantes a los que hay que poner atención de inmediato. Se produce violencia en los gestos, en las expresiones diarias, en la intimidación, la no observación de las leyes básicas, como las de tráfico. Un automovilista que no respeta un alto es un síntoma más grave que la simple violación de la ley. La cultura comienza a ser una dimensión importante cuando deja de considerársele como un accesorio y se transforma en herramienta para resolver conflictos y su función es facilitar reconocimiento, pertenencia, identidad y ayuda al ciudadano a definirse a sí mismo, a reconocerse en los otros. Para ello son necesarias estrategias que permitan al ciudadano tomar decisiones libremente, basadas en el respeto a la diferencia, la eliminación de la discriminación. Buscar la convivencia y la seguridad. La seguridad ciudadana es uno de los componentes importantes en el bienestar colectivo porque abarca temas críticos como la violencia y la criminalidad. Toda política tendiente a mejorar los espacios de convivencia de los ciudadanos conlleva resultados positivos en la calidad de vida por medio de logros en tolerancia, respeto y comunicación. Había ya escrito antes que en el estudio sobre *percepción de seguridad, victimización y cultura ciudadana: sus relaciones en cinco contextos iberoamericanos,* José Ignacio Ruiz de la Universidad Nacional de Colombia y Luis Alfredo Turcios de la Universidad Tecnológica de El Salvador advierten que el miedo al delito es uno de los temas sociales a los que debe dar respuesta la política de los países, por sus posibles repercusiones en los ámbitos públicos de la salud, la economía y la interacción de los ciudadanos con el sistema de justicia. Niveles altos de miedo al delito pueden afectar la conducta social en el espacio público, alimentar los sistemas de vigilancia privada, las formas privadas de justicia y amenazar la democracia a favor de alternativas que prometen seguridad. Este trabajo halló que una mayor *Cultura Ciudadana* se asocia principalmente con mayor satisfacción con la policía, con mejor balance de clima emocional, menos temor al delito y, en menor grado, con menor victimización personal. Retomando la definición de cultura emitida en la *Conferencia Mundial sobre Política Cultural,* realizada en México en 1982, como "el conjunto de rasgos distintivos, espirituales y materiales, intelectuales y afectivos, que caracterizan una sociedad o grupo social. Ello engloba, además de las artes y las letras, los modos de vida, los derechos fundamentales del ser humano, los sistemas de valores, las tradiciones y las creencias", en otras palabras, cultura es todo lo que hacemos, es todo lo aprendido a través de la socialización, es el comportamiento que se refleja a través de las tradiciones, costumbres, idiosincrasia, etc. y que surge en la medida que las sociedades evolucionan, por lo tanto, es una expresión cambiante, a la vez que es interdependiente, es un reflejo de la estructura económica y permite a los individuos miembros de una sociedad diferenciarse de los otros, identificarse con los propios, llevando de esa manera a la formación de una conciencia individual y social. Es la manera total de vivir de un pueblo, el legado que el individuo recibe de un grupo. Resumiendo todo lo anterior, la cultura es un lugar de encuentro que permite el diálogo con la diversidad, es, a su vez, un espacio de búsquedas colectivas y la formulación de un proyecto futuro para los grupos humanos teniendo la paz como un objetivo básico.

Cultura Visual

"En el corazón de esta videocultura siempre hay una pantalla, pero no hay forzosamente una mirada". Jean Baudrillard

Siempre se discute sobre lo que vemos. Parece un debate sin fin y cada uno parece tener, o quiere, tener la razón. Cuando vamos al cine tenemos puntos de vista distintos respecto a la película que vimos. Si vamos a una exposición de arte a unos nos parecerá excelente y a otros no tanto. *Nicholas Mirzoeff,* coordinador del programa de cultura visual de la Escuela Steinhardt de Cultura, Educación y Desarrollo Humano de la Universidad de Nueva York, define al mundo contemporáneo como un mundo hipervisual en el que "el significado de ser ciudadano en el siglo XXI requerirá de una alfabetización visual que será tan fundamental como la lectura, la matemática y la ciencia". En su libro "Introducción a la cultura visual" pone el ejemplo de la palabra COME la que más adelante en otro contexto visual: COME ON! Cambia su significado, muestra un cuadro de fondo azul con nubes, lo que nos remite al cielo, en otro cuadro en blanco sólo dice la palabra CIEL (cielo en francés), un mismo significado con dos distintas formas visuales. Escribe AE0I23, ¿qué vemos? ¿Dos vocales y cuatro números? o ¿Cuatro vocales y dos números? El autor indica que de la misma forma en que los estudios culturales han tratado de comprender de qué manera los individuos buscan el sentido del consumo de la cultura de masa, la cultura visual da prioridad a la experiencia cotidiana de lo visual. La imágenes aparecen de manera aleatoria e incesante y una sustituye a la otra antes incluso de que desaparezca la anterior. Actualmente el espectáculo deslumbra a los ciudadanos, donde estos asumen un rol pasivo dentro de la cultura del consumo, no hay crítica ni análisis, solo la necesidad de adquirir, sean productos tangibles o espectáculo. En la sociedad actual, se nos convence con la imagen más que con el objeto. Ante un cambio hacia la cultura visual, sin preparación alguna, nos convertimos en analfabetas visuales y es grave porque se modifica nuestra concepción del arte, cambia nuestra percepción del tiempo y el espacio. *Mayra Díaz Ordoñez* en su artículo "Acerca de la Cultura Visual y la virtualidad de la imagen" comenta que "a partir del surgimiento de la fotografía, se confiere a un instrumento la posibilidad de conferir movilidad a las "formas" que con anterioridad se arrebataban a la realidad", el espacio- tiempo adquiría una nueva dimensión. El cine reprodujo la realidad y el espacio- tiempo creaba y recreaba nuevas realidades, por lo cual la narrativa visual que había representado el tiempo cronológicamente se vio alterado al manifestar el tiempo de otra forma. Una nueva representación icónica surge. La imagen fija, el relato icónico y la imagen secuencial desarrollaron una forma narrativa diferente en donde el arte, la ciencia y la técnica se confundían. Podemos afirmar que todo *ver* es entonces el resultado de una construcción cultural y por lo tanto siempre un *hacer* complejo, híbrido. Miles de imágenes de todo tipo pasan ante nuestros ojos cada día: televisión, publicidad, Internet, prensa… Todas ellas contribuyen a nuestra cultura, nos pueden volver más sensibles o por el contrario confundir nuestro sentido estético. Si hay discusión… ¿todos sabemos ver?

Cultura y Creatividad

"Toda la creatividad procede de la cultura, porque cuando estamos jugando creamos historias que amplían el valor intrínseco de la vida". Jeremy Rifkin (sociólogo, economista, escritor, y activista estadounidense)

Siempre he comentado que una de las consecuencias más valiosas de la cultura es la creatividad. Entendida como la capacidad de crear, de producir cosas nuevas y valiosas, es la capacidad de un cerebro para llegar a conclusiones nuevas y resolver problemas en una forma original. *Carlos Alberto Churba*, en el I Congreso de Cultura en Mar de Plata, Argentina, comentaba que "la creatividad es una actitud de vida, es "un vivir creador", es un arte de vivir". Menciona algunas de las actividades en las que se puede aplicar la creatividad: "diseñar organizaciones innovadoras, resolver problemas abiertos, lograr mayores beneficios, mejor calidad de vida, mejor calidad en la producción y beneficios económicos, mejorar los tratamientos en salud, tanto física como mental, y apuntar hacia la excelencia en la educación que tanta falta nos está haciendo".

En lo relativo a la economía, *Guiomar Alonso*, desde la UNESCO, nos dice que la economía creativa emerge como un nuevo paradigma que sitúa la creatividad y la cultura como motores de crecimiento económico. La comercialización del valor creativo y la innovación se presenta como una ventaja estratégica para las ciudades, las regiones y también los países en desarrollo. Bajo este enfoque se ponen en marcha acciones y políticas de apoyo a la creatividad y de cómo "hacer dinero con ideas". Sin embargo ha habido pocos esfuerzos a escala internacional para declinar esta idea en clave de cooperación. La Alianza Global para la Diversidad Cultural de la UNESCO abre esta vía y experimenta a través de alianzas entre lo público, lo privado y la sociedad civil, nuevos modos de sostener las industrias y las empresas culturales en tanto que son plataformas de expresión de la creatividad y la diversidad. Los resultados, modestos, parecen apuntar a que en el contexto de países en desarrollo y economías en transición, el apoyo a la creatividad debería privilegiar intervenciones que permitan a pequeñas y micro empresas culturales producir, acceder a mercados y distribuir sus productos. *Romina Bianchini* en su artículo "Creatividad: Fortalecimiento del Capital Cultural y desarrollo de la Cultura Emprendedora" nos define la creatividad como "un *proceso*, porque es *integradora* porque integra las diferencias, las heterogeneidades, las disciplinas, las intenciones. Es *universal*, se aplica a todas las áreas, tiene una *lógica propia* y esto hay que tenerlo muy en cuenta porque si queremos fomentar el desarrollo creativo en nosotros y en los demás tenemos que entender que no alcanza manejarnos con las lógicas tradicionales". Uno de los grandes retos de las políticas culturales reside en buscar nuevas fórmulas, fórmulas efectivas, que promocionen la creatividad, sin buscar colocarles un sello de propiedad, de pertenecer a la institución que las promueve, sino en una libertad creadora e independencia ideológica. Recordemos que vivimos en una interacción donde se intercambian imaginarios, donde el sentido estético, a partir de la creatividad, amplía los límites de las emociones y la manera de sentir de una comunidad.

"He aprendido que ser creativos, originales y diversos es mejor que ser iguales"

Comentario de un adolescente de 15 años del Colegio ERGOS, República Dominicana, después de participar en el programa **Diversidades, el juego de la creatividad***, de la UNESCO.*

El paisaje cultural…
como valor de desarrollo local

"El paisaje cultural se crea a partir de un paisaje natural por un grupo cultural. La cultura es el agente, la naturaleza es el medio, el paisaje cultural es el resultado". Carl O. Sauer (1889- 1975), *padre de la geografía cultural norteamericana y fundador de la escuela de Berkeley, California.*

La conservación del patrimonio es un concepto relativamente moderno. La preocupación por la conservación del patrimonio se inicia propiamente junto a los procesos de transformación relacionados con la revolución industrial, que es cuando se dan grandes cambios en el paisaje. Hasta muy avanzado el siglo XX se manifiesta un interés mayor por el patrimonio, así como una concepción más amplia del mismo. Comienza entonces a concebirse como el lugar de la memoria, más allá de su concepción estética. Se empieza a tomar conciencia de su valor como herencia de una sociedad y de su carácter indisoluble, tanto de la misma como de su territorio. Surgen con ello nuevas instituciones, instrumentos y conceptos, como los paisajes culturales. El profesor *Carl Sauer* es quien profundiza en lo que denomina geografía cultural, disciplina que analiza las transformaciones del paisaje natural (en cultural) debido a la acción del ser humano, estudiando la relación cambiante entre hábitat y hábitos. En *"La morfología del Paisaje"* (1925) Sauer define paisaje cultural como el resultado de la acción de un grupo social sobre un paisaje natural. La cultura es el agente, lo natural es el medio, el paisaje cultural el resultado. En su artículo, *"Quand souffle l'esprit des lieux"* (Cuando se respira el espíritu del sitio) *Annete Viel* explica que el territorio es un espacio vivo, con una historia que no está fijada en el tiempo o el espacio y que evoluciona de manera natural o bien a partir de las acciones que se desarrollan. Por tanto el territorio es el reflejo de una época y un espejo de los valores de la sociedad que lo gestiona. Paisajes culturales y parques patrimoniales juegan un cometido cada vez más importante en el desarrollo territorial. Se trata de espacios comunicativos, que atesoran y transmiten información. Podríamos considerar que del mismo modo que las ciudades tienen un papel protagonista en la era de la información, dichos espacios asumen un papel cada vez más relevante como lugares comunicativos, lugares donde se vinculan historias y mensajes a espacios y formas. Toda sociedad dinámica transforma de manera inevitable el paisaje, de forma que el intento de conservar intacto un paisaje humanizado —como si de una pieza de museo se tratara- acaba resultando imposible. Así que permanecer impasibles ante el manejo irracional de nuestros paisajes o dejarlos sin intervenir no es una buena alternativa. En nuestra región contamos con áreas naturales muy importantes, entre ellas, el Valle de Guadalupe, con la gran necesidad de ser analizado y regulado bajo el principio contemporáneo de paisaje cultural por su importancia para el estado y para el país. En la perspectiva de los paisajes culturales la región del Valle de Guadalupe puede interpretarse desde posiciones interdisciplinarias diversas como lo son la historia, la geografía, la economía, la industria, los estudios territoriales, el urbanismo y la arquitectura. El concepto de paisaje cultural se aplica a un ámbito geográfico asociado con eventos, actividades, personajes históricos, asentamientos, edificios, como signos de una ocupación del territorio, que contienen valores estéticos y culturales. *Joaquín Sabaté Bel,* arquitecto y economista, Catedrático de Urbanismo de la E.T. S. de Barcelona comenta que el objetivo fundamental de las iniciativas más relevantes en la intervención de un paisaje cultural suele ser el de integrar dentro de un estricto respeto a las características de un territorio diferentes funciones simultáneamente: preservación, educación, esparcimiento, turismo y desarrollo económico. En la mayor parte de los casos esto se pretende hacer sentando las bases para una estrecha colaboración entre diferentes administraciones, instituciones y particulares interesados. Es común cometer algunos errores que a la larga pueden acarrear situaciones, como mínimo, contradictorias. Cuando se habla de activación del patrimonio y dinamización territorial, no sólo se debería tener en cuenta la dimensión económica y turística del patrimonio. Hablar de dinamización territorial también implica poner en valor las dimensiones sociales, culturales y educativas. Sin olvidar a las personas, ya que son éstas las que viven, disfrutan y se relacionan con su entorno Entender la activación del patrimonio tan solo desde el punto económico y turístico es un grave error. Es necesario fijar una mirada alternativa, responsable y coherente sobre el territorio, sus recursos y sus necesidades. Cada lugar, cada territorio es distinto y esto genera una gran oportunidad, ya que permite establecer miradas diversas capaces de ofrecer soluciones creativas y novedosas.

La ciudad como producto cultural

"Esta percepción de la cultura como eje estructurante de la vida social se expresa en los logros alcanzados en lo que respecta al mayor acatamiento de las normas básicas de convivencia, al mejoramiento de la seguridad y al orgullo que hoy sienten numerosas personas por su ciudad". Estos textos pertenecen al documento "Políticas Culturales Distritales (2004-2016)" de la Alcaldía de Bogotá, Colombia.

La cultura y sobre todo la diversidad cultural es hoy uno de los elementos centrales de las políticas urbanas. Esta centralidad de la cultura es la que incorpora la *Agenda 21 de la cultura* aprobada en Barcelona en mayo de 2004 por el IV Foro de Autoridades Locales y que sirve de marco de referencia de la planificación estratégica de la cultura. De forma creciente, cada vez más ciudades promueven planes estratégicos de cultura. En muchos casos la adhesión a los principios de la *Agenda 21 de la cultura* se ha materializado en el inicio de un proceso de planificación cultural. Estos planes se han ido desarrollando tanto en Europa como en América Latina y se han convertido en impulsores del desarrollo de las ciudades en el territorio. En definitiva, los planes de cultura también son planes estratégicos de ciudad. La cultura puede influir en diferentes aspectos del desarrollo local como se ha visto en varias ciudades que desde hace años han trabajado con la cultura en su agenda de trabajo: reforzando la identidad y la cohesión social, contribuyendo a la integración de las minorías y los desfavorecidos, mejorando la calidad de vida, generando empleo y contribuyendo a posicionar la ciudad de cara al exterior. Los ayuntamientos son el factor determinante, pero los ayuntamientos tienen una limitada capacidad de actuación en los diferentes ámbitos de la cultura. Por un lado, su incidencia es menor en los sectores culturalmente más relevantes como la industria cultural y mayor en los sectores menos rentables como las artes tradicionales y los servicios socioculturales. El ámbito de intervención cultural propiamente municipal es la difusión, pero se tienen que buscar fórmulas para intervenir en las fases del proceso cultural más desatendidas: la creación y la producción. Uno de los espacios básicos para la cultura son las bibliotecas, éstas transforman la información en conocimiento y deben ser consideradas como centros primarios de cultura. Ya hemos escuchado cómo en Medellín, Colombia los parques biblioteca se han convertido en verdaderos centros comunitarios y factores de cambio, en la Feria del Libro de Guadalajara, cuando Colombia fue el país invitado presentaron a un chofer de camión de basura de Bogotá que recogía libros de la basura, cuando sus compañeros se dieron cuenta le llevaban los libros que ellos rescataban, implementó una pequeña biblioteca en su casa hasta que la demanda de la comunidad y la importancia que adquirió le obligaron a abrir un pequeño local donde esta biblioteca da un servicio vital. En Dinamarca, se ha creado una biblioteca en Padborg que atiende a los camioneros con una gran oferta de libros en formato CD. Otro ejemplo de capacidad de innovación lo encontramos en la biblioteca Arbetslivsbiblioteket de Suecia que habiendo detectado que algunos usuarios no entendían las referencias bibliográficas, propuso un sistema de chat para que los usuarios pudieran plantear sus dudas a los bibliotecarios y otros usuarios. La biblioteca como centro de atención cultural primaria tiene que contribuir a evitar la brecha digital, convirtiéndose en el lugar donde se ofrece alfabetización digital y formación sobre gestión informacional, como los talleres abiertos y flexibles que se ofrecen en algunas de las bibliotecas de la red nacional danesa. Las bibliotecas tienen la capacidad de convertirse en equipamientos culturales que agrupen la información del municipio y sean centros de otros servicios como la difusión y la capacitación artística, los emprendimientos económicos, formación de adultos, asesoría a industrias culturales, es decir en verdaderos centros culturales polivalentes. En Tijuana las bibliotecas parecen haber pasado a un segundo plano y es urgente reconsiderar su papel en la comunidad. Francia, con una trayectoria más larga en lo que a equipamientos de proximidad se refiere ha puesto en marcha diferentes modelos en los últimos años. Por un lado encontramos las *"friches"*, antiguos recintos industriales situados en zonas generalmente deprimidas son restaurados y reconvertidos en espacios culturales que permiten a los grupos y comunidades locales reconstruir sus identidades y entrar en una cultura de la creación. El origen de las *"friches"* está en el encuentro entre artistas profesionales, semi-profesionales y amateurs con el objetivo de crear nuevos proyectos artísticos y sociales. La cultura se está convirtiendo cada vez más en un factor de regeneración urbana cuando no de competencia entre ciudades, que ven en la recuperación del patrimonio histórico y en la dotación de equipamientos culturales una forma de atracción de visitantes y también de residentes, así como una manera de acumular atributos de diferenciación con otros enclaves y territorios. La cultura debe ser el centro de dónde partir hacia el futuro

¿Qué es la Agenda 21 de la Cultura?

"La ciudad de 2030 no se puede gestionar eficazmente desde "arriba" o desde "fuera", sino que requiere un gobierno democrático, elegido por el pueblo, al que a su vez debe rendir cuentas. Una ciudad en donde hombres y mujeres tienen un papel paritario en la toma de decisiones. Un gobierno local que dispone de las competencias y los recursos financieros y humanos suficientes para desarrollar una política pública de alta calidad; y que colabora con otros niveles de gobierno y con municipios vecinos para desarrollar enfoques comunes por el bien de un desarrollo eficaz". Manifiesto La Ciudad de 2030, Cumbre Mundial de Líderes Locales y Regionales, México 2010.

Escuchamos de manera constante el término *Agenda 21 de la cultura*. Se refieren a ella en debates de cultura, se discute en seminarios y se anota en artículos, se habla de implementarla en algunas ciudades, pero ¿realmente sabemos qué es? La *Agenda 21 de la cultura* es el primer documento, con vocación mundial, que apuesta por establecer las bases de un compromiso de las ciudades y los gobiernos locales para el desarrollo cultural. La Agenda 21 de la cultura fue aprobada por ciudades y gobiernos locales de todo el mundo comprometidos con los derechos humanos, la diversidad cultural, la sostenibilidad, la democracia participativa y la generación de condiciones para la paz. Su aprobación tuvo lugar el 8 mayo 2004 en Barcelona, por el *IV Foro de Autoridades Locales para la Inclusión Social (FAL)* de Porto Alegre, en el marco del primer Foro Universal de las Culturas, que contó entre sus socios principales a la UNESCO, y tuvo entre sus objetivos convertir a los gobiernos locales en agentes que puedan construir y desarrollar, conjuntamente con la sociedad civil, alternativas de gestión pública en el proceso de globalización. Este foro constituyó un importante espacio de reflexión sobre el papel de las ciudades en un mundo global. En esta ocasión participaron 120 alcaldes de diversas ciudades del mundo y miles de participantes. El alcalde de Porto Alegre, *Joao Verle* comentó que «das colectividades locales pueden tener una dimensión más práctica y más humana que los estados», por ello, es necesario que sus puntos de vista sean tomados muy en cuenta para encontrar soluciones a los problemas que, por ejemplo, plantea la globalización y el director general de cultura de Montevideo, *Gonzalo Carámbula*, destacó que «no hay participación posible si no existe libertad cultural», y espera que «da Agenda 21 se apruebe en el marco del Fórum y se convierta en herramienta imprescindible para generar un escenario que garantice la participación de todos los ciudadanos». La organización mundial *Ciudades y Gobiernos Locales Unidos (CGLU)* adoptó la *Agenda 21 de la cultura* como documento de referencia de sus programas en cultura y **asumió un papel de coordinación** del proceso posterior a su aprobación. El Grupo de Trabajo en Cultura de la *CGLU*, constituido en

Beijing el 9 junio 2005, es el punto de encuentro de ciudades, gobiernos locales y redes que sitúan la cultura en el centro de sus procesos de desarrollo.

La *Agenda 21 de la cultura* en la actualidad, y de acuerdo al último informe consultado cuenta con 225 ciudades adheridas a la Agenda, 27 de ellas en América (*Estados Unidos* no tiene ninguna ciudad adherida), *Brasil* es el país en América con mayor número de ciudades afiliadas y de *México* sólo están adheridas oficialmente: Puebla, San Miguel de Allende y Ensenada. En el programa para el periodo 2011-2013, documento que recoge las prioridades de la Comisión de Cultura de la CGLU, se anota como objetivo: Promover la cultura como el cuarto pilar del desarrollo sostenible a través de la difusión internacional y la implementación local de la Agenda 21 de la cultura.

Hay 5 prioridades:

Prioridad 1. *Desarrollo de políticas*. La CGLU y su Comisión de Cultura son reconocidos local, nacional e internacionalmente por su liderazgo en procesos que relacionan la cultura con el desarrollo sostenible. Procesos de investigación rigurosos y colaborativos son el motor de estas actividades.

Prioridad 2. *Desarrollo de proyectos*. La CGLU y su Comisión de Cultura desarrollan proyectos específicos en el ámbito del intercambio de experiencias y buenas prácticas en materia de cultura y desarrollo sostenible.

Prioridad 3. *Alianzas y asociaciones*. El networking y las campañas de promoción (advocacy) permiten a las ciudades tener una presencia activa en la agenda internacional sobre cultura y desarrollo sostenible.

Prioridad 4. *Financiación y recursos*. La Comisión de Cultura, en estrecha cooperación con el Secretariado Mundial, obtiene financiación para dar apoyo a la implementación de proyectos específicos y garantizar la continuidad a largo plazo de las actividades y la Prioridad 5. *Mejor gobernanza*. Una comisión formada por miembros activos, con responsabilidades compartidas y muy dinámica. Una comisión que comparta las prioridades de la CGLU.

Hay un aspecto que se resalta. La evaluación. Los proyectos de desarrollo local analizan y evalúan, normalmente, sus impactos económicos, sociales y ambientales, pero raramente lo son sus impactos culturales. La *Agenda 21 de la cultura*, en su artículo 25, promueve la implementación de formas de "evaluación del impacto cultural de iniciativas "que impliquen cambios significativos en la vida cultural de las ciudades". Una evaluación del impacto cultural es un documento, elaborado en un proceso de consulta con la ciudadanía y los agentes culturales, que analiza las contribuciones (tanto positivas como negativas) que un proyecto de desarrollo local podría generar en la vida cultural de la ciudad.

La adhesión a la *Agenda 21 de la cultura* reviste de gran importancia simbólica: expresa el compromiso de una ciudad para conseguir que la cultura sea una dimensión clave en las políticas urbanas, y muestra la voluntad de solidaridad y cooperación con las ciudades y los gobiernos locales del mundo.

Ciudad y cultura urbana

"Cuando la ciudad olvida a los niños, olvida a todos los ciudadanos y también se olvida a sí misma, pero si recupera la relación con los niños, si les da tiempo y espacio para jugar, si les concede la palabra, les escucha y tiene en cuenta sus ideas, tal vez pueda salvarse". Francesco Tonucci

Hemos sido testigos de cómo se planea una ciudad: en función de las necesidades de los adultos, el auto en primera instancia, las compras, los servicios dirigidos a personas mayores ¿y los niños y adolescentes? Parecen haber sido olvidados. Cada vez aparece más la idea de la ciudad pensada como campo de especulación inmobiliaria, que ha sido planificada para una sola categoría de persona: varón, jefe de familia de entre veinte y sesenta años, que trabaja en una oficina, de clase media y alta, lo que genera gran parte de las malas soluciones urbanísticas, como los sistemas de transporte. Los niños y adolescentes usan la ciudad en los rincones que la ciudad les deja. Los lugares se usan como lugares de transgresión e incluso se violentan, se utilizan de manera distinta a como fueron concebidos, el centro comercial es entonces lugar de encuentro y no de compras, es lugar para correr y patinar y por consecuencia se sataniza a los pequeños porque no son los sujetos del diseño. Haga la prueba: salga a la vereda y observe

35

cuántos niños están caminando por la ciudad sin compañía de un adulto, cuántos de ellos están en las plazas sólo acompañados por sus pares, bien lejos de todo control y vigilancia familiar; cuántos vehículos detienen su marcha para permitirles cruzar la calle sin riesgos. El pedagogo italiano *Francesco Tonucci* lo hizo hace tiempo y observó la misma imagen que todos podemos ver y que confirma que las ciudades ya no están en manos de los niños, y que el tránsito y la inseguridad no les han dejado demasiado espacio para el juego y la espontaneidad. "Los niños han desaparecido, los hemos excluido de la ciudad porque no permitimos que salgan de casa, que jueguen con los amigos y conquisten el mundo. Si vamos afuera ahora no encontraremos niños solos ni otras categorías que se han excluido de la ciudad: ni ancianos viejos, ni personas que se muevan en silla de ruedas", dice *Tonucci*, creador del concepto "La Ciudad de los Niños", basado en que pensar en los niños y en los jóvenes y conferirles su merecido lugar de ciudadanos nos coloca ante el desafío de gobernar con una mirada estratégica, entendiendo las políticas públicas como garantía de las nuevas generaciones y a la altura de su capacidad de cambio y sus enormes posibilidades de invención e innovación. La consigna que mejor resume el espíritu de esta propuesta es la que postula que *"si una ciudad es buena para los niños, es buena para todos"*. Pero de ninguna manera se trata de diseñar, desde un escritorio aquellos proyectos que parezcan más interesantes a los adultos. Por el contrario, el desafío es integrar a los mismos niños al debate y escuchar sus propuestas. En definitiva, "trabajar hacia una nueva filosofía de gobierno de la ciudad, tomando a los niños como parámetro y como garantía de las necesidades de todos los ciudadanos", tal cual sintetiza el material de difusión elaborado por el gobierno de Santa fe en Argentina, a través del Ministerio de Innovación y Cultura que presenta a ésta como la primera provincia que asumió el desafío de construir políticas públicas para la infancia. El Gobierno de la Ciudad de México ha impulsado varios programas de apoyo a jóvenes y niños en los que se promueve su participación activa en la toma de decisiones para la Ciudad. Es así que la Ciudad de México se ha adscrito al *Proyecto Ciudad de los Niños*, cuya presencia se extiende ya a varios países de Europa y América Latina. La ciudad de Alcira en España, ha venido desarrollando una serie de propuestas dirigidas a los más pequeños con el fin de hacerlos partícipes de la vida cotidiana y de la actividad civil, un gran medio para educarlos en la integración social. Se creó el *Consejo de niños y niñas*, que se reúne mensualmente y en el que participan jóvenes de primaria y secundaria para tratar temas de interés relacionados con la vida municipal. También se fundó una radio para niños, en la que los más pequeños son el informador y el informado, un medio directo de comunicación para difundir los valores más importantes de la sociedad: sinceridad, solidaridad, bondad, dedicación. Se creó el Observatorio infantil con el objeto de canalizar y discutir demandas y sugerencias de los niños de la ciudad. Por otro lado es lamentable encontrar en la televisión programas como el de *"Pequeños Gigantes"* que tienden a "adultizar" a los niños sin crearles el espacio necesario para ser ellos mismos. Escudados en las capacidades "artísticas" de los niños los convierten en sujetos del espectáculo y no abonan en nada a la urgente necesidad de que los niños participen dándoles la palabra y aprendiendo de ellos. Debemos centrar la atención en nuestro futuro, que son los niños, para que ellos sean los motores de los cambios sociales. Entre las consignas fundamentales de *"La Ciudad de los Niños"* se establece que los niños deben ser dueños de su propia ciudad, en ella están los aprendizajes y juegos, afectos y conceptos. Cualquier intento genuino para devolver a los niños la ciudad significará una mayor valorización de lo público y una propuesta de apropiación del mismo para todas las edades. "Creo que es muy importante que la ciudad se devuelva a los niños", dice *Tonucci*, consciente de que sus palabras invitan a un fuerte compromiso por parte de las autoridades que acepten sumarse a su propuesta. Pero además advierte: "la ciudad ha perdido a los niños y es grave: las ciudades sin niños son peores, nosotros sin niños somos peores y creo que, no voluntariamente pero sí de hecho, la decisión de las ciudades de excluir a las categorías débiles es para aprovechar el espacio sin tener testigos ni moderadores. Porque los niños nos miran y nos juzgan". Aunque parece más fácil convertirlos en espectáculo.

Cultura y planes de ciudad. La fiesta como estrategia

"Y nosotros salimos ganando porque la feria de Zapotlán se hizo famosa por todo este rumbo. Como que no hay otra igual. Nadie se arrepiente cuando viene a pasar esos días con nosotros. Llegan de todas partes, de cerquitas y de lejos, de San Sebastián y de Zapotiltic, de Pihuamo y desde Jilotlán de los Dolores. Da gusto ver al pueblo lleno de fuereños, que traen sombreros y cobijas de otro modo, guaraches que no se ven por aquí". La Feria / Juan José Arreola.

Se había considerado que los planes estratégicos de cultura eran tangenciales a los planes estratégicos de la ciudad, sin embargo la realidad demuestra que cada vez más los planes de cultura afectan otros sectores más allá de su ámbito tradicional, sobre todo cuando éstos cumplen una serie de valores como su centralidad desde el momento que permean todas las prácticas y discursos sociales, la importancia estratégica de las políticas culturales, la transversalidad de las acciones y procesos culturales, esto es, que tienen real incidencia en todas las áreas de la vida. Actualmente el sector cultural no puede observarse solo como un generador de servicios básicos de cultura como las bibliotecas, los centros culturales, los museos o los teatros sino que interactúa y se integra con el turismo, le da sentido a la sociedad del conocimiento hablando de la importancia de las tecnologías de la información y la comunicación (TIC) en la sociedad actual, mejora la calidad de vida y la generación de empleos e influye significativamente en la conformación del espacio urbano y la inclusión social. Una de las primeras líneas de actuación en diversas políticas de cultura municipales ha sido la recuperación festiva de la calle. Así como se lee y escucha. Durante estos años gran parte de los esfuerzos culturales de los municipios se ha centrado en ejecutar, y en muchos casos, "inventar" un programa de fiestas populares. Los objetivos de este programa han ido más allá de lo estrictamente festivo. Se pretende que la población haga propia la fiesta, que se involucre, que participe y se responsabilice. Buscar la convivencia e interactuar con la ciudad. Siempre cuidando que la oferta sea atractiva. Lo que han experimentado las ciudades a través de la fiesta es excepcional para la convivencia ciudadana. Una de las fiestas más singulares por la variedad de sus formas es en España la *Patum* una celebración tradicional que se realiza durante las fiestas del Corpus Christi, localidad barcelonesa. Esta tradición que cuenta ya seis siglos fue reconocida en el año 2005 como obra maestra del patrimonio oral inmaterial de la humanidad por la UNESCO. La conmemoración religiosa de la *Patum de Berga* ha sabido conservar sus raíces paganas y perpetuar un espectáculo ritual profano. En Oaxaca, en el año 1951, las clases dominantes crean la fiesta de la *Guelaguetza*, en la que invitan a participar a los indios de las zonas rurales a rendir tributo a la ciudad. La fiesta se construye colectivamente y simbólicamente a lo largo de los años. Aunque la fiesta reproduce la injusticia de las relaciones entre los

40:

indios y los mestizos, en ella todos los colectivos se sienten reflejados. Esta fiesta de música y danza expresa una unidad ideal que logra cohesionar los sectores que en ella participan. En su búsqueda de identidad dentro del contexto regional, nacional e internacional, la ciudad recurre a la tradición antigua o reciente. Esta fiesta única, exclusiva y auténtica de Oaxaca le permite posicionarse en el mundo. La municipalidad de Buenos Aires, en Argentina, ha reconocido todas las fiestas y celebraciones que desarrollan en la ciudad las distintas comunidades como los principales referentes de identidad de la ciudadanía y cuyo desconocimiento contribuye a excluir grandes partes de la población. En este sentido, tomando las fiestas y celebraciones como patrimonio histórico cultural ha realizado una investigación exhaustiva sobre todas las fiestas que existen en Buenos Aires, impulsadas por cualquier tipo de grupos sociales para darlas a conocer. Esta gran base de datos de fiestas que se encuentra en internet se desarrolla con actividades en las escuelas, estudios en profundidad, exposiciones, etc., puesto que las fiestas contribuyen a la identificación, a partir de la cual se construyen las realidades urbanas. En México hay fiestas tradicionales con procesiones, representaciones, pastorelas, velas, ofrendas, danzas, música, bailes, pirotecnia, toros, charros, carreras de caballos, peleas de gallo y "tianguis". Dentro de estas fiestas, debemos destacar algunas: la Virgen de Guadalupe, las Posadas, la Nochebuena y la Navidad; el Fin de Año, el Día de los Santos Reyes; La Candelaria, la Bendición de semillas y animales, el Día de San Antonio Abad, el Carnaval ,la Semana Santa, el Día de la Santa Cruz y el Día de Todos Santos y Fieles Difuntos. Las Fiestas Cívicas se festejan en todo el país. Se conmemoran hechos importantes de la historia nacional. Se realizan bajo rígidos patrones oficiales. La

Constitución de 1917, el Natalicio del Benemérito de las Américas, Benito Juárez, la Batalla de Puebla (1862) en la cual el Gral. Ignacio Zaragoza derrota a los invasores franceses, el 15 y 16 de Septiembre, inicio de la Independencia y el inicio de la Revolución de 1910. Las Ferias de distintos pueblos y ciudades constituyen un baluarte importante de la cultura. Además de las fiestas, los festivales están también cada vez más presentes como objetivo en la política global de una colectividad. Los festivales son la principal herramienta para vender una ciudad, pero lo importante es que el festival se base en un punto fuerte de la ciudad en cuestión o que genere una nueva singularidad. Los festivales han tenido una función importante en resaltar la vida cultural de una localidad. En los festivales se ha visto que un mecanismo de apoyo que mejor funciona es la creación de estructuras de formación, esto es, archivos, actividades, programas de capacitación que subsisten a lo largo de todo el año. En Francia encontramos algunos ejemplos del caso en pequeñas ciudades. En *Avignon*, el Festival de Teatro tiene continuidad durante el año con una oferta de formación en distintos niveles y empleos relacionados con el mundo del teatro, que gozan de buena salud por la publicidad indirecta que supone el festival para la ciudad. Hay encuentros internacionales de fotografía que tienen lugar en verano y han propiciado la creación de escuelas de fotografía y de una red de exposiciones temporales a lo largo del año. La fiesta como estrategia es un elemento de cultura que no podemos perder de vista.

Activismo cultural: espacio público y arte

"Activismo cultural como la utilización de medios culturales que traten de promover cambios sociales"
Brian Wallis

Si hacemos un recuento de las comunidades que han logrado cambios en su entorno observaremos que hay un común denominador: la participación ciudadana, el activismo cultural del que habla *Brian Wallis*, curador en jefe y director de exposiciones del *International Center of Photography*. Este ámbito de la participación a través de colectivos o individuos como estrategias alternativas a los programas político institucionales, se está incrementando de manera significativa, construyendo una nueva escena en la organización social. Y entre estas estrategias la intervención urbana a través del arte ha sido una de las más frecuentadas. Conjugando expresión, comunicación e información, artistas y colectivos de trabajo interpelan al transeúnte con imágenes enigmáticas, textos provocadores o propuestas participativas, transformando el entorno urbano en un nuevo ámbito para la reflexión estética, política o social. No lo llamamos Arte Público ya que en la actualidad es una categoría obsoleta, dado que no precisa tanto en relación con el contenido y el posicionamiento como en la forma. De hecho todo arte es público, a partir que busca una interacción, un intercambio con un público. En la ciudad estas manifestaciones conviven con la valla publicitaria, el rótulo comercial y lo cotidiano de la vida del ciudadano.

43

Algunas obras son ya parte de la imagen visual de todos los días. Algunas desdeñadas, otras criticadas, algunas más vandalizadas, pero no ignoradas. El arte en el espacio público manifiesta la energía de la comunidad, sus historias, sus pesadillas y sueños, sus personajes y héroes anónimos como aquellos inmortalizados en bronce en San Luis Potosí: *Juan del Barro*, un pordiosero de mediados del siglo XIX y el *Señor de las Palomas*, que alimentaba a diario estas aves. En el contexto público la obra corre riesgos, entre éstos su lectura equivocada, en ocasiones incluso, una lectura opuesta al sentido original. Al mismo tiempo estos riesgos constituyen una cualidad al manifestarse el impacto capaz de producir al hacerse parte del entorno diario. Hoy, el arte en el espacio público debe establecer un diálogo directo con los ciudadanos, afectarlos dentro de su cotidianidad. Hay ciudades que lo han fomentado con programas específicos como en Nueva York, el *"Percent for Art Program"* que destina un porcentaje de los impuestos de infraestructura al arte en la vía pública. ¿Por qué muchas convocatorias de arte en el espacio público fracasan? Este fracaso comienza cuando las instituciones, centros culturales, museos, escuelas de arte y otras instituciones consideran al arte en términos de espectáculo cultural, proyecto de infraestructura o mensaje político frenando de esta manera nuevas experiencias que darían vitalidad y sentido al espacio. El mundo del arte debe relacionarse en mayor medida con otros puntos de vista y perspectivas que se analizan desde otros grupos y disciplinas, como las mismas organizaciones de vecinos replanteando así la figura del artista. La responsabilidad, el compromiso, el trabajo en equipo son características del activismo en el espacio público características ajenas a la concepción tradicional de las prácticas artísticas. *Ramón Parramón* en su ensayo *Arte, participación y espacio público* dice que "Es una responsabilidad que ha de asumir el arte aunque con ello ponga en peligro su supervivencia o el estatus de independencia conseguido a través de la herencia histórica. Si queremos que el arte tome parte en este momento "socialmente sensible", hemos de partir de una realidad humilde, y superar el discurso dominante que el arte ha construido a lo largo de los dos últimos tercios del siglo XX, basado en la creación de una realidad propia, que tiene sentido dentro de unos parámetros endogámicos, a la vez que ha luchado por la legitimación de las libertades del individuo". Es importante promover programas locales que den continuidad a formas experimentales que obliguen a dar una nueva definición a las prácticas de todos los implicados en el arte, así como adquirir el compromiso de explicar y publicar reflexiones sobre el sentido que tiene todo esto cuando se trabaja desde perspectivas sociales y políticas comprometidas, desde un ámbito más global. Dándole de esta manera un verdadero sentido social al activismo cultural a través del arte. Aunque algunos no lo entiendan así

Organismos para la cultura

"La cultura debe ser considerada en grande, no como un simple medio para alcanzar ciertos fines, sino como su misma base social. No podemos entender la llamada dimensión cultural del desarrollo sin tomar nota de cada uno de estos papeles de la cultura". Amartya Sen (Santiniketan, India). Director del Trinity College, Cambridge, y ganador del Premio Nobel de Ciencia Económica 1998.

Siempre es importante dar seguimiento a los organismos que abren espacios de reflexión, ponen a nuestro alcance recursos formativos, dan cuenta de las experiencias y comparten conclusiones en materia de cultura. Vamos a hacer un breve y muy sintetizado recorrido por estos organismos internacionales.

Las Naciones Unidas-ONU.

Naciones Unidas son una organización internacional fundada en 1945 tras la Segunda Guerra Mundial por 51 países que se comprometieron a mantener la paz y la seguridad internacionales, fomentar entre las naciones relaciones de amistad y promover el progreso social, la mejora del nivel de vida y los derechos humanos. La devastación humana y material ocasionada por la Segunda Guerra Mundial estaba fresca en las mentes de los fundadores de las Naciones Unidas. Como todas las guerras, también causó una devastación cultural. Los rasgos espirituales, materiales, intelectuales y afectivos de la sociedad se habían alterado gravemente. Los modos de vida y las maneras de vivir juntos se modificaron de forma radical. Los sistemas de valores se pusieron a prueba, y las tradiciones y las creencias de la sociedad a menudo se desafiaron o se suprimieron por completo. Las grandes obras de arte sufrieron graves daños o se robaron. Las grandes obras arquitectónicas se destruyeron. Ciudades enteras quedaron pulverizadas. Y, sin embargo, las tradiciones culturales de un pueblo proporcionaron con frecuencia la fortaleza necesaria para perseverar en los momentos más difíciles. Su arte, sus tradiciones, su espiritualidad, sus canciones. Fue una gran lección de guerra: el patrimonio cultural de un pueblo y del planeta debe honrarse y conservarse, ya que es la representación de nuestro espíritu colectivo: la historia de nuestras pasiones más nobles y nuestras aspiraciones más altas. Como resultado de esta toma de conciencia, en 1946 se fundó la *Organización de las Naciones Unidas para la Educación, la Ciencia y la Cultura (UNESCO)*, uno de los primeros órganos del sistema de las Naciones Unidas. Su mandato es preservar y promover todo aquello que contribuya al diálogo entre las civilizaciones, a saber: educación, ciencia y cultura. Esta es una tarea en la que participa la totalidad del sistema de las Naciones Unidas. Entre sus iniciativas más importantes podemos nombrar: *Declaración Universal sobre la Diversidad Cultural. Convención sobre la Protección del Patrimonio Mundial Cultural y Natural. Convención sobre la Protección y Promoción de la Diversidad de las Expresiones Culturales.* Un mexicano fue su director general de 1948 a 1952: *Jaime Torres Bodet*, diplomático, Secretario de Educación Pública en dos períodos, fundó la Comisión Nacional de Libros de Texto Gratuitos y promovió la construcción del

Museo Nacional de Antropología, del Museo de Arte Moderno y la organización y adaptación de los de Arte Virreinal y de Pintura Colonial. También dio auge al programa nacional de construcción de escuelas. *Carlos de Icaza*, Embajador de México en Francia, desde mayo de 2010, se desempeña también como Representante Permanente ante la Organización de las Naciones Unidas para la Educación, la Ciencia y la Cultura (UNESCO).

OEI

La Organización de Estados Iberoamericanos para la Educación, la Ciencia y la Cultura (OEI) es un organismo internacional de carácter gubernamental para la cooperación entre los países iberoamericanos en el campo de la educación, la ciencia, la tecnología y la cultura en el contexto del desarrollo integral, la democracia y la integración regional. Los Estados Miembros de pleno derecho y observadores son todos los países iberoamericanos que conforman la comunidad de naciones integrada por Argentina, Bolivia, Brasil, Colombia, Costa Rica, Cuba, Chile, República Dominicana, Ecuador, El Salvador, España, Guatemala, Guinea Ecuatorial, Honduras, México, Nicaragua, Panamá, Paraguay, Perú, Portugal, Puerto Rico, Uruguay y Venezuela. La sede central de su Secretaría General está en Madrid, España, y cuenta con Oficinas Regionales en Argentina, Bolivia, Brasil, Chile, Colombia, República Dominicana, Ecuador, El Salvador, Guatemala, Honduras, México, Nicaragua, Panamá, Paraguay, Perú y Uruguay. En la primera *Cumbre de Jefes de Estado y de Gobierno de Iberoamérica* (Guadalajara, México, 1991) se creó la *Conferencia Iberoamericana*, formada por los Estados de América y Europa de lengua española y portuguesa. La celebración de reuniones anuales ha permitido avanzar en la cooperación política, económica y cultural entre nuestros pueblos. Para reforzar este proceso, la *XIII Cumbre* (Santa Cruz de la Sierra, Bolivia, 2003) decidió crear la *Secretaría General Iberoamericana (SEGIB)* como nueva organización internacional. La SEGIB, que tiene su sede en Madrid, es el órgano permanente de apoyo institucional y técnico a la Conferencia Iberoamericana y a la Cumbre de Jefes de Estado y de Gobierno, integrada por los 22 países iberoamericanos: diecinueve en América Latina y tres en la península Ibérica, España, Portugal y Andorra. La Directora de la oficina en México es actualmente *Karen Kovacs*, Licenciada en Antropología Social y Lingüística por la Universidad de Londres. Maestra y Doctora en Ciencias Sociales por El Colegio de México.

Ciudades y Gobiernos Locales Unidos-CGLU

Los miembros de *Ciudades y Gobiernos Locales Unidos* representan a más de la mitad de la población mundial, CGLU se erige en portavoz de todos los tipos de gobiernos locales, cualquiera sea el tamaño de las comunidades a las que sirven , representando y defendiendo sus intereses en el plano global. Con base en Barcelona, la organización se ha fijado el objetivo siguiente: Ser la voz unida y representación mundial de los gobiernos locales autónomos y democráticos, promoviendo sus valores, objetivos e intereses, a través de la cooperación entre los gobiernos locales, y ante la vasta comunidad internacional. La *Agenda 21 de la cultura* es su principal herramienta para el desarrollo cultural en las ciudades. La *Agenda 21 de la cultura* es el primer documento, con vocación mundial, que apuesta por establecer las bases de un compromiso de las ciudades y los gobiernos locales para el desarrollo cultural. Hay una organización: la *Organización para la Cooperación y el Desarrollo Económicos (OCDE)*, cuyo secretario general es el mexicano *Ángel Gurría*, y que su misión es promover políticas que mejoren el bienestar la económico y social de las personas alrededor del mundo y entre sus temas encontramos la migración, la innovación, los estudios territoriales y la educación es notorio no encontrar la dimensión cultural en sus políticas. Sus 50 años de existencia y su importancia en el ámbito mundial reclaman esta dimensión en sus perspectivas. Revisar el camino de estos organismos nos da la información necesaria para tomar decisiones, reflexionar sobre nuestro propio quehacer, encontrar oportunidades de colaboración y asumir nuevos caminos.

Tendencias de las políticas culturales

Planificación cultural es el planeamiento y uso estratégico e integral de los recursos culturales en el desarrollo urbano y de la comunidad. Li Ghilard: Estrategias culturales, una aproximación del Reino Unido al Desarrollo Cultural.

Es un hecho que las políticas culturales tradicionales han dejado de ser efectivas en el mundo actual. Requieren cambios sustantivos para lograr un mínimo de credibilidad ante una ciudadanía que no ha vuelto la mirada a la cultura, más preocupada por otros asuntos más cotidianos y sensibles como la inseguridad, la salud, el ingreso económico. Reflexionar sobre las políticas culturales y hacer una profunda revisión de las mismas requiere una visión al futuro, creatividad e implica riesgos que para ciertos sectores políticos, de la comunicación y aún del arte representan amenazas a su situación de poder y liderazgo. ¿Cómo se definen las políticas culturales?. *María Jesús Lamarca Lapuente* comenta que "se puede definir la política cultural como el conjunto estructurado de acciones y prácticas sociales de los organismos públicos y de otros agentes sociales y culturales, en la cultura; entendida esta última tanto en su versión restringida, como es el sector concreto de actividades culturales y artísticas, pero también considerándola de manera amplia, como el universo simbólico compartido por la comunidad". Se habla de cuatro principios básicos de donde parte el desarrollo de las políticas culturales (Lluís Bonet): el *valor estratégico de la cultura* como difusor de estándares simbólicos y comunicativos; base en la que se fundamentan las *identidades colectivas*, y por tanto las identidades de las naciones y de los estados; por tener *efectos positivos, tanto económicos como sociales*, al desarrollar la creatividad, la autoestima y una imagen positiva de las personas y los territorios; y finalmente por *la necesidad de preservar el patrimonio colectivo* de carácter cultural, histórico o natural. El triunfo de las ideas globalizadoras y neoliberales en el seno de una sociedad agitada por un vertiginoso desarrollo científico y tecnológico nos está trasladando a "otra civilización", y el escenario en el que se desarrollan nuestras vidas va cambiando cada vez más de prisa. Eso obliga a cambiar los paradigmas de la gestión cultural y por consecuencia de sus políticas. En la historia de las políticas culturales podemos comenzar con Lorenzo de Médicis Príncipe de Florencia, mecenas de las artes Su mecenazgo no consistió tanto en financiar obras, sino más bien en mandar a los artistas más destacados de Florencia (a diversas cortes, practicando la "política de prestigio artístico". En Alemania en **1871**…el Estado debe "crear e impulsar" una cultura para dirigir y extender su poder con el fin de crear identidades culturales comunes. Hacia **1950-60** se manifestaba: El arte por el arte (art for the art's shake). Más tarde en Francia **1959** se crea el primer ministerio de cultura. Para **1960-70** las políticas se encaminan a la Democratización y a la Descentralización. **1970-80** marcan una nueva etapa basándose en el trinomio: Cultura/ desarrollo/ empleo. En épocas más recientes: **1980-90** la Regeneración Urbana aunada a la Cultura se aborda como política cultural. El decenio de **1990-2000,** las Industrias culturales Cultural o "Clusters", un *clúster* o conglomerado es un conjunto de empresas y de organizaciones -públicas y privadas- que pertenecen a sectores diferentes y que mantienen vínculos económicos estrechos de tal suerte que se generan interdependencias entre ellas, definen parte de las políticas culturales. Esta década está marcada por una indecisión, un no saber cuál es el papel real de la cultura en una sociedad. Es necesario cambiar estructuralmente las políticas culturales. *Félix Manito* del Centro Iberoamericano de Desarrollo Estratégico Urbano-CIDEU lo dice muy claro "La estrategia consiste en desplegar al máximo la dimensión creativa de la cultura para responder a los retos que supone la nueva economía. El nuevo reto de las políticas culturales es materializar el desarrollo comunitario centrado en la proximidad y la participación, mediante la cultura, para crear una sociedad tolerante, abierta y creativa". Tarea en la que todos somos responsables, teniendo en cuenta que el nuevo orden cultural consolida al marco local metropolitano como el ámbito por excelencia de la dinámica cultural contemporánea. Aún estamos a tiempo.

Diplomacia cultural

"La diplomacia cultural es el instrumento de ejecución de la política exterior (…) hablar de una "diplomacia cultural" nos obligaría a considerar la cultura como pieza estructural del desarrollo económico, político y social del país". (Ordoñez)

Los argentinos consideran que la película *El secreto de sus ojos*, dirigida por *Juan José Campanella* y basada en la novela *La pregunta de sus ojos* de *Eduardo Sacheri* colocó a su país en el foco de atención mundial y lo destaca como una potencia de la cultura. Es obvio que para que esto sea posible, la diplomacia y los organismos culturales deben estar a la altura de las circunstancias, y sobre todo implementar una estrategia de diplomacia cultural sostenida en el tiempo. Pero ¿qué es la diplomacia cultural?   El término no es nuevo como parece, es tan antiguo como la propia diplomacia. El *Observatorio Vasco de la Cultura* dice que todos los sistemas políticos han utilizado la cultura y el arte para mostrarse al exterior e, incluso en algún caso, para imponerse. Lo que diferencia la diplomacia cultural de antes y la actual es su objeto de trabajo: ante una realidad actual mucho más compleja la diplomacia cultural debe ocuparse de muchos más asuntos y más variados. Por ejemplo, la diplomacia cultural puede encargarse de parte de la promoción exterior de un país o bien puede utilizarse como parte de la política de cooperación internacional. Así pues, la diplomacia cultural puede definirse como el conjunto de relaciones que sitúan los valores y los recursos culturales como los elementos centrales para difundir las expresiones culturales de una sociedad o para levantar puentes de diálogo entre personas y pueblos distintos. También es obvio que en la diplomacia tradicional la cultura sigue siendo un elemento más – no sustantivo- que se remite generalmente al folclore de un país o a sus manifestaciones más "vendibles' y no a su esencia. La diplomacia cultural aún con sus límites, se está convirtiendo en una de las principales herramientas a disposición de la diplomacia pública para cambiar percepciones, romper prejuicios y plantear visiones diferentes sobre lo propio. La diplomacia cultural viene a ser un canal de acción de la política exterior, que tiene como base primordial a la cultura, la cual influye favorablemente en el escenario externo que tiene un país, beneficiando también a la situación interna. Actualmente, en el mundo, la diplomacia cultural es un tema que ha pasado a ser prioridad en la agenda de muchos países. El contexto de interculturalidad que se vive, hoy en día, ha obligado a las naciones a perfilar la idea de que la cultura es un elemento que contribuye a la consecución de los designios de las naciones sobre todo en el campo de la política exterior y las relaciones internacionales. Todo ello sólo podría ser posible en un contexto en el cual hay una adecuada administración de los recursos culturales, una alta intervención del gobierno y sus instituciones públicas, la acción del servicio diplomático y sobre todo la apertura global hacia la cultura exterior. En el mundo contemporáneo, la diplomacia cultural es hoy, junto con la industria militar, la biotecnología, la informática y la educación, un instrumento que ha adquirido un profundo valor simbólico en el campo de la política exterior, sin embargo algunos países no han atinado a conferirle el verdadero valor estratégico nacional e internacional que realmente tiene. Fomenta la mutua comprensión con otros países en un contexto de interculturalidad a nivel mundial, ya que al poseer un carácter versátil logra generar discernimiento y crea convicciones sobre los diversos países. Por otro lado, la diplomacia cultural ha sido un recurso que ha contribuido a la reconciliación, la disminución de las diferencias y a la creación de una plataforma de paz. En este contexto las ciudades, como lo hemos comentado en otras ocasiones, por su dimensión, por su capacidad de adaptarse a los cambios, son estructuras ligeras y, en este sentido, más adecuadas para dar respuesta a ciertas necesidades de proyección ante el exterior. Sin duda, en diplomacia cultural el papel de embajadores extraoficiales que desempeñan distintas personas, organizaciones e instituciones culturales es tan importante como el que pueda ejercer el organismo oficial especialmente dedicado para ello. La capacidad de influir en la opinión pública extranjera, establecer puentes de diálogo, de mantener relaciones de diplomacia al más alto nivel, por parte de todos estos otros agentes, es un potencial que no debe menospreciarse en ningún caso y más importante: promover este papel determinante para el futuro de toda comunidad.

El poder de la Cultura

"La cultura incluye todas las manifestaciones de los hábitos sociales de una comunidad, las reacciones del individuo en la medida en que se ven afectadas por las costumbres del grupo en que vive, y los productos de las actividades humanas en la medida que se ven determinadas por dichas costumbres". Franz Boas (1930)

Hemos sido testigos de grandes cambios a partir de la cultura y uno de los ejemplos más conocidos es la ciudad de Medellín, Colombia, y del cual he dado un seguimiento desde que asume el manejo de la ciudad un movimiento cívico independiente: *Compromiso Ciudadano*, integrado por académicos, líderes de organizaciones comunitarias y ciudadanos responsables. Este cambio se da de 2004 al 2007 y la comunidad elige la continuidad de este proyecto para el período 2008-2011 cuyo resultado más palpable es la recuperación de la confianza en lo público, en el gobierno, en sus gobernantes y en las políticas y proyectos públicos. El factor definitivo: una mayor inversión en cultura y educación. La consecuencia: Medellín pasó del miedo a la esperanza, disminuyendo la violencia, superando las desigualdades y generando mayores oportunidades e inclusión y mejorando notablemente el espacio público. Y así podemos enumerar un sinnúmero de proyectos específicos y de ciudad que transforman a partir de la cultura. Al sur de Costa Rica en el pueblo de Pérez Zeledón encontramos el *Circo Fantazztico*, proyecto que da oportunidad a niños y jóvenes de alejarse de los problemas y abrirles una puerta al mundo. El circo les da nuevas herramientas, disciplina y autoestima, además de la posibilidad de viajar al extranjero y conocer nuevas culturas y lugares. En Holanda el *Latin American Film Festival-LAFF* fundado en 2005 que se convirtió de ser un pequeño festival de cine latinoamericano en una plataforma importante para dar a conocer el cine y la cultura latina, fomentando el conocimiento y respeto de la riqueza de la diversidad latinoamericana en Europa. El festival promueve además un desarrollo sustentable, tiene el primer cine club móvil cuya fuente de energía es solar, firma un convenio con la comunidad de Utrech para minimizar las emisiones de CO_2 y se convierte en un ejemplo para otros festivales. En Egipto después de los conflictos políticos se reúnen miembros de la organización *National Group for Cultural Policies*, de la *Asamblea Popular para la Cultura* y del *Comité de Turismo* con el fin de reestructurar el aparato cultural del país. Formados estos grupos por gestores culturales, catedráticos universitarios y artistas fomentan la visión de un Estado que promueva el patrocinio y facilite los canales de la promoción cultural a los grupos independientes, más que dedicarse el Estado a la producción artística. Evitando así lo que venía sucediendo: otorgando trabajo y premios económicos a artistas e intelectuales restándoles poder, alejándoles de la comunidad y disminuyendo su libertad y capacidad de expresión y crítica. Cualquier semejanza en el país es solo casualidad. Este movimiento se da en función de la importancia de la cultura en Egipto para su economía a través del turismo cultural además de constituir el pilar para la construcción de la identidad de su pueblo. En colonias pobres de Río de Janeiro, las autoridades invirtieron en infraestructura para bicicletas y crearon un centro cultural donde enseñaron a los niños a hacer teatro y música. Luego ellos rechazaron la idea de ser narcotraficantes y se dieron cuenta que era emocionante tocar música con los demás. La cultura y el uso de la bicicleta son factores que contribuyen a transformar las ciudades y sus sociedades, detalló *David Byrne*, ex líder de la banda *Talking Heads*, durante su participación en el foro *Ciudades, bicicletas y el futuro de la movilidad*, efectuado en Guadalajara, Jalisco. El ejemplo del chofer de camión recolector de basura de Bogotá, Colombia, que recoge libros e inicia una pequeña biblioteca en su casa, la cual va creciendo con donaciones de sus propios compañeros de trabajo que comienzan también a rescatar libros. Biblioteca que crece y obtiene su propio espacio en el barrio y se convierte en un elemento cultural vital para la comunidad. Así podríamos continuar enumerando muchísimos proyectos en todo el mundo. Ello nos muestra que el poder de la cultura es ilimitado, desde todos sus frentes. La comunidad es su principal fuente y promotora. El Estado debe reforzar y facilitar las iniciativas de los ciudadanos y creadores. No más.

Museos
Instrumentos de la cultura

"Los objetos culturales muebles y los museos que los preservan son excepcionales conservatorios de la diversidad cultural. Centros de acceso a los conocimientos sobre las culturas y de educación formal e informal, participan también en la comprensión mutua y en la cohesión social, así como en el desarrollo económico y humano". UNESCO

La palabra museo, del latín *museum*, y que proviene a su vez de la palabra griega *mouseion*, que significa "casa de las Musas", ha tenido a lo largo de la historia, numerosas aplicaciones y significados hasta su sentido actual. El museo tuvo su origen en la recogida y conservación de objetos valiosos, que en un principio se reunieron para ostentación del poder y admiración de sus cualidades, para finalmente servirse de ellos, con fines educativos, poniéndolos al servicio de la sociedad. Esta institución ha ido progresivamente, desarrollando su conciencia de servicio a los demás, y por ello va evolucionando al compás de la sociedad misma, conforme a sus exigencias de cultura. Se consideran en la definición de museos los sitios y monumentos naturales, arqueológicos y etnográficos, los sitios y monumentos históricos que adquieran, conserven y difundan la prueba

material de los pueblos y su entorno. También las instituciones que conserven colecciones y exhiban ejemplares vivos, tanto vegetales como animales, como jardines botánicos, zoológicos, acuarios y viveros. Los centros científicos y los planetarios, las galerías de exposición no comerciales, los institutos de conservación y galerías de exposición que dependan de bibliotecas y archivos. Los parques naturales, Los centros culturales y demás entidades que faciliten la conservación, la continuación y la gestión de bienes patrimoniales materiales o inmateriales, patrimonio viviente y actividades informáticas creativas. *Jordi Pardo*, director del Laboratorio de Cultura de Barcelona, comenta que "los museos y los centros culturales en el mundo moderno de hoy, no sólo son edificios sino agentes vivos de desarrollo local. Deben ser factorías de conocimiento. Pueden ser también ciudades monumentalizadas o centros de interpretación que responden a unas características en donde se llevan a cabo básicamente tres procesos que justifican su existencia: la preservación de la memoria y de un legado pasado, pero que también puede ser presente; la promoción de la investigación y el conocimiento y, finalmente, la puesta en valor de sus contenidos de cara a los visitantes y ciudadanos, que son los que financian con sus impuestos dichos centros. Me interesan poco los museos que se regocijan simplemente con las cifras de visitantes. Si los museos no están en el debate social y no están conectados con el pulso vital de una sociedad, significa que entre ellos y los ciudadanos existe una distancia insalvable". Hay que recordar que las funciones prioritarias de un museo son: Coleccionar, conservar, investigar, difundir y educar. Difundir no solo comunicando la información inherente a un objeto, pieza de arte o un lugar, sino estimulando, provocando la reflexión, involucrar y comprometer como principios de la interpretación. Con los objetivos del conocimiento: ¿qué queremos que el público sepa?, con el objetivo de afectividad: ¿qué queremos que la gente sienta?, con el objetivo del comportamiento: ¿qué debe la gente hacer? Y el objetivo de la gestión y el desarrollo económico.

El *Consejo Internacional de Museos-ICOM* es un impulsor de la museología y los museos, a través de la organización de congresos y reuniones internacionales, realizando estudios y trabajos técnicos elaborados por comisiones especiales y con la publicación de la revista *Museum* y los boletines *ICOM News*, que difunden las noticias de interés museológico y museográfico. También cabe destacar las aportaciones de los museos norteamericanos y canadienses, en materia de nuevos modelos, instalaciones y funciones socioculturales y didácticas, así como la renovación teórica y práctica de los nuevos museos italianos, alemanes, británicos franceses y holandeses. Otra institución importante en la capacitación y la reflexión en torno al museo es el *Instituto latinoamericano de Museos-ILAM*. Pero para el progreso de la Museología y los museos ha sido determinante la propia crisis de la institución museística, y su puesta en cuestión como entidad e instrumento cultural. La solución al problema vino de la *Nueva Museología*, gestada en Francia, y parte en América en mayo de 1972 con la realización en Santiago de Chile, de la "Mesa Redonda: el desarrollo del papel de los museos en el mundo contemporáneo", en 1983, se crea el MINOM (Movimiento Internacional para una Nueva Museología) y en 1984 se realiza en Quebec, Canadá, el "Taller Internacional sobre los Ecomuseos y la Nueva Museología" de la cual resultó la Declaración de Quebec, considerado como el segundo documento importante del movimiento. En el mismo año (1984) en Morelos, México, se realiza la reunión *"Ecomuseos: El hombre y su entorno"* que dio como resultado la *Declaratoria de Oaxtepec*. Esta Nueva Museología que busca un nuevo lenguaje, una mayor participación sociocultural y dinamización, impulsa un tipo diferente de museo. Su repercusión más inmediata es la búsqueda de un lenguaje museográfico para la presentación de los objetos. En resumen, la Nueva Museología propone tres cambios fundamentales en la concepción tradicional de Museo: En lugar de edificio-museo: **territorio**. En lugar de colección: **patrimonio**. En lugar de al público: **a la comunidad**. Los museos son espacios públicos, lugares de encuentro, de convivencia y comunicación. Espacios vitales de la cultura.

Diseñando con los otros 90%. El diseño como motor de la economía cultural

"Nacido de las dinámicas y contradicciones que introduce la industrialización en la cultura, el diseño cataliza la nueva forma —ritmos, tensiones, volúmenes, pero también significados, símbolos y valores— en que nuestra sociedad articula su acción sobre los objetos, el ambiente, el mundo". Jesús Martín Barbero. Universidad del Valle, Maestría en Comunicación y Diseño Cultural, Cali, Colombia.

El diseño constituye una esfera de la cultura, esto quiere decir que el oficio del diseñador se inscribe en el marco de las prácticas, valores, conocimientos y representaciones que dan cuenta de la cultura en determinada comunidad o grupo. Es además una poderosa herramienta para reconfigurar una de las preocupaciones clave de la actualidad: la identidad individual y social. El diseño está presente en todas las etapas de la humanidad, la sociedad ha sido modelada en gran medida a través del diseño, basta dar una revisada a los objetos utilitarios del mundo, y tal vez esta penetración en lo cotidiano lo torna imperceptible. Al hablar de diseño no solo nos referimos a su utilidad sino también a la estética, la facilidad de su uso, la posibilidad de generar incluso un sentimiento. La mayoría de los esfuerzos en diseño están concentrados en el 10% de la población económicamente pudiente, dice el *Dr. Paul Polak* del *International Development Enterprises*, y afirma se requiere una revolución en el diseño para alcanzar el otro 90%. Al respecto se creó una exposición: *Design with the Other 90%* que registra más de 60 proyectos, propuestas y soluciones que a través del diseño generan un cambio en diversas comunidades. "Más que preguntarse sobre si el diseño es elitista, habría que preguntarse qué hacemos los profesionales para ayudar a nuestra ciudad, a sus habitantes sin acceso a servicios", considera *Raúl Díaz Padilla*, académico del Departamento del Hábitat y Desarrollo Urbano del ITESO. "Habría que partir entonces, no con 'qué podemos hacer para', sino desde un 'qué podemos hacer junto con'; involucrar a la comunidad en las soluciones, crear un diseño y una planeación participativa. No se trata de transformar el espacio; se trata de invertir en la autogestión, en la auto transformación". Ya hay una iniciativa en esta dirección y así apuntan los proyectos impulsados por la Cátedra UNESCO-ITESO en distintos barrios de Guadalajara. En México se ha hecho hincapié en que el diseño ha quedado fuera de las políticas de Ciencia, Tecnología Y Cultura, por lo cual es necesario implantar en el país una política de diseño, que contribuiría a impulsar la competitividad de las empresas y la generación de empleos a partir de lineamientos que consideren la aplicación del diseño a través de aspectos tecnológicos, económicos, ambientales, culturales y de promoción. El 21 de abril del 2009 se estableció el dictamen en la cámara de Senadores, el cual sienta las bases para que el diseño sea el eje fundamental del desarrollo económico y el impulso industrial coadyuvando con la ciencia y la tecnología. No vemos grandes avances, ni tampoco un interés de las universidades por estar presente en el tema, ni en la creación de un diseño y una planeación participativa con la comunidad como se menciona anteriormente, para convertirse los profesionales en facilitadores no en proveedores de soluciones, como lo explica el mismo Raúl Díaz. *Dick Powell,* reconocido diseñador industrial, afirma que el papel cada vez más importante que el diseño desempeñará como puente entre el mundo y los aspectos económicos y culturales de los diferentes países le abrirá nuevas puertas y le permitirá contribuir en la construcción de sociedades más sanas y equilibradas. En una entrevista a un diseñador se le preguntaba si el diseño podía cambiar al mundo, a lo cual él contestó: "Sería muy arrogante decir que sí, pero sería bueno intentarlo". Yo creo firmemente que sí puede transformar, si no el mundo, sí de comunidad en comunidad. ¿Cómo reconstruir una reflexión que retome la relación que se ha dado entre la irrupción de la tecnología en la cultura material contemporánea y la redefinición de un discurso del diseño en el marco de esta relación? Reflexión que habrá de empezar ya, recordando que es por medio del diseño que la tecnología se socializa.

Dimensiones culturales del espacio público

"El espacio público supone pues dominio público, uso social colectivo y multi- funcionalidad. Se caracteriza por su accesibilidad, lo que le hace un factor de centralidad. La calidad del espacio público se podrá evaluar sobre todo por la intensidad y la calidad de las relaciones sociales que facilita, por su fuerza mixturante de grupos y comportamientos, y por su capacidad de estimular la identificación simbólica, la expresión y la integración culturales". Jordi Borja

Un primer elemento que nos permite entender la importancia adquirida por los espacios públicos, es su capacidad para contener y movilizar representaciones y prácticas culturales. Éste es uno de los aportes más significativos que las ciencias sociales han hecho al estudio de los espacios públicos urbanos. En ella se reconoce que el espacio constituye un elemento estructurante en la organización de la sociedad, y no simplemente un contenedor de hechos sociales. El espacio público es un referente del ciudadano, en él desarrolla parte de su existencia y no solo lo contempla, se moldean a sí mismos. En nuestra imaginación lo recorremos años después y cuando volvemos a él nos congela en nuestro pensamiento y nos hace vibrar en el recuerdo. En una nota en internet sobre los nacidos en los 70´s y 80´s comentan: "Fuimos la última generación en disfrutar en manejar una bicicleta en la calle y jugar "épicos" partidos de fútbol con nuestros vecinos en la calle".

El espacio público ha tenido una importancia en la vida social de las ciudades y en la conformación de la cultura urbana contemporánea. Constituye un espacio abierto a la diversidad sociocultural donde las distintas maneras de pensar y sentir confluyen en la construcción de lugares significativos, reconocibles y reconocidos. Propician la comunicación y el intercambio cultural entre las personas promoviendo el encuentro, la sociabilidad y la convivencia alrededor de un espacio común, esto genera procesos de identificación colectiva, de expresión y producción de pertenencias, identidades y permite relaciones de verse y reconocerse. Ahora bien, ¿qué son las representaciones culturales? Siguiendo la definición de *Daniel Mato* (1999), el concepto hace alusión a las formas de percepción o simbolización que los sujetos adoptan frente a aspectos claves de la experiencia social, reproduciéndose y circulando por medio de enunciados verbales, imágenes, y cualquier otra formulación de sentido posible de comunicar a otros. Esta diversidad de elementos permite configurar "los distintos imaginarios y símbolos colectivos por intermedio de los cuales nos reconocemos como un Nosotros, diferente de los Otros" *Norbert Lechner* (2000). En este sentido, la convicción de lo propio permite instaurar formas de identificación con el territorio y por tanto establece delimitaciones físicas y simbólicas que definen nuestros ámbitos particulares de competencia. A este tipo de construcciones es a lo que llamamos "pertenencia". El concepto de "identidad" se refiere al proceso de construcción de sentido mediante el cual nos definimos frente al resto del grupo social como un ser particular y diferenciado, a partir de un conjunto de representaciones y prácticas culturales que establecemos como propios. Por otro lado el espacio público al visualizarse como un territorio, debe ser fácilmente identificable para quienes lo habitan y también para aquellos que simplemente lo transitan. *Jordi Borja* dice que "Hay un temor al espacio público. No es un espacio protector ni protegido. En unos casos no ha sido pensado para dar seguridad sino para ciertas funciones como circular o estacionar, o es sencillamente un espacio residual entre edificios y vías. En otros casos ha sido ocupado por las clases "peligrosas" de la sociedad: inmigrados, pobres o marginados. Porque la agorafobia es una enfermedad de clase de la que parecen exentos aquellos que viven la ciudad como una oportunidad de supervivencia. Aunque muchas veces sean las principales víctimas, no pueden permitirse prescindir del espacio público". En este territorio precisamente la identidad se reconoce como un principio que estimula la apropiación conformando un sentido de pertenencia. Por ello insistimos tanto en su importancia porque es allí, en el espacio público, donde podemos tomar conciencia de las diferencias entre grupos ya sea social, económica o culturalmente hablando, donde podemos entenderlas y donde podemos desarrollar la tolerancia. La construcción del espacio público es de todos y para todos.

Globalización y cultura

La globalización es difícilmente un fenómeno reciente. Es casi tan vieja como la misma historia escrita, y su defensa está entre las primeras filosofías políticas coherentemente articuladas del mundo Occidental (al menos). Alrededor del año 420 AC, el filósofo Demócrito de Abdera escribió, "Para un hombre sabio, toda la Tierra está abierta; pues la patria de un buen espíritu es toda la Tierra".

Es común escuchar que la globalización está acabando con la cultura, que la globalización influye negativamente en la cultura, pero ¿realmente suceden estas aseveraciones tan extremas? Habrá que ver otras perspectivas más positivas para abordar los procesos de globalización contemporáneos. *Daniel Mato*, investigador venezolano dice: "Voy a proponer una manera de analizar eso que llaman "globalización" que pienso que puede resultar más fértil. Es decir, una manera que rinda frutos a los actores sociales, que nos ayude a comprender qué está pasando y cómo actuar en ese contexto. Pienso que para lograr tal cosa necesitamos como mínimo ampliar el rango de nuestra mirada, analizar la complejidad, estudiar las prácticas de algunos actores sociales significativos y cómo estas se relacionan con las de otros actores, y sobre todo estudiar las interrelaciones de tipo global-local". Se habla de *procesos de globalización* ya que son numerosas las interrelaciones que se dan entre los actores sociales a lo largo y ancho del mundo y que producen "globalización". Como ejemplo Mato habla de las maquiladoras: Las "maquiladoras" son plantas de montaje establecidas por corporaciones transnacionales de diversas ramas (textiles, automotrices, electrónicos, etc.) en países donde se pagan bajos salarios para realizar el ensamblaje final de partes provenientes del exterior y así producir productos finales que son reexportados casi sin pagar derechos aduaneros. Las maquiladoras comenzaron a establecerse en el Norte de México en la década de 1970, numerosos estudios realizados sobre la maquila ponen de relieve aspectos económicos del asunto, así como problemas relacionados con el pago de muy bajos salarios, la contaminación ambiental, los atropellos al personal y los impactos negativos en su salud, que no podemos dejar de mencionar. Pero hay algunos cambios sociales y culturales asociados al establecimiento de las maquiladoras. Estos cambios no son producidos solamente por la empresa transnacional. La empresa elige ese lugar para establecer su maquila, y no otro, porque se dan ciertas condiciones, algunas de las cuales se relacionan con procesos macroeconómicos que responden a decisiones de actores sociales no sólo globales sino también nacionales, y que se expresan en las políticas económicas, las cuales en última instancia responden a ideas de "desarrollo" y/o de "modernización", referentes que no son simplemente económicos sino a la vez políticos y culturales. Pero además de factores y decisiones de orden global y nacional, también hay decisiones de actores municipales, así como de actores estatales, provinciales o departamentales (según los países), los cuales acuerdan permisos de instalación, promueven regímenes impositivos preferenciales (muchas maquilas operan en "zonas francas" o en otros tipos de marcos preferenciales), facilitan el entrenamiento de los trabajadores, obvian regulaciones –o al menos controles– sobre el cuidado del medio ambiente, la salud de los trabajadores y sus derechos sindicales, etcétera. Pero además están las personas que acuden a las empresas en busca de empleo, lo cual se relaciona en parte con la inexistencia o la falta de atractivo de otras opciones de empleo en la zona, como así también con las formas de organización del trabajo en la zona, el régimen de tenencia de la tierra, las preferencias y valores de la gente, etcétera. En fin, lo que hay que poner de relieve es que detrás de una inversión y de todo lo cultural y político que la acompaña, hay personas y organizaciones que toman decisiones: no es meramente una cuestión de impersonales mercados, y por tanto de lo que se trata es de estudiar estos procesos en toda su complejidad. Veamos ahora un ejemplo de otro tipo. Uno de los símbolos más usados para representar visualmente "la globalización" es el logotipo de la empresa McDonald's. Los *Macdonalds* representan para muchos el paradigma de la globalización, porque en esa visión de la globalización *Macdonalds* quiere decir hamburguesas. Y hamburguesas quiere decir *"gringos"*. Y, para quienes ven las cosas de esta manera, "globalización" quiere decir que todos acabaremos por parecernos a los *"gringos".* Desde luego, esa visión que equipara las ideas de globalización y de homogeneización es tremendamente simplista, como lo ilustran no pocos estudios. En los últimos años, junto con la hamburguesa, la Coca Cola y la organización del trabajo, en sus promociones de "cajitas felices" la empresa incluye muñecos de plástico relacionados con las más recientes producciones de las industrias cinematográficas de Hollywood. Es decir, de una vez se asocia a las industrias del entretenimiento y del juguete. Así resulta que McDonald's se relaciona con uno de los tipos de industrias que algunos llaman las "industrias culturales". La Navidad se celebra en Japón aunque menos del uno por ciento de la población es cristiana, al mismo tiempo que millones de personas en occidente abrazan alguna forma de orientalismo como refugio espiritual. Las tiendas de ropa Benetton se extienden por todo el mundo y pocos son los pueblos donde la cultura de los jeans no se ha impuesto. Otro tanto ocurre con la comida. El Sushi, plato japonés, puede comerse ahora en muchos restaurantes del mundo, los tacos y chiles mexicanos se degustan en Israel, etc. La tienda londinense Harrod's, en su departamento de alimentos, ofrece duraznos de Francia, rábanos de Holanda, fresas de Inglaterra, espárragos de California o manzanas de nuestro España. Los ejemplos anteriores nos permiten ver cómo se relaciona lo político, lo cultural y lo social y cómo cuando hablamos de globalización no se puede simplificar la visión del tema. Daniel mato finaliza diciendo: "Porque eso que llaman "globalización" no es producto de fuerzas sobrehumanas: no resulta del capricho de diosas y dioses, sino de las prácticas de numerosos actores sociales que participan en procesos sociales específicos. Eso que llaman "globalización" no resulta tan sólo de lo que hacen gobiernos y organismos intergubernamentales (llamados internacionales), sino también de lo que hacen organizaciones comunitarias, diversos tipos de organizaciones no gubernamentales y movimientos sociales, de sus *políticas*, de nuestras *políticas*".

Industrias culturales

"Las industrias culturales son un sector estratégico de la economía". Andrés Morte

La idea de industria cultural surge en el texto *La industria cultural* de *Adorno y Horkheimer*, donde es por el uso de la industria cultural, y de la técnica en general (quizá diríamos fuerzas productivas), como instrumento al servicio de la clase dominante por lo cual *Adorno y Horkheimer* se muestran escépticos y pesimistas frente a un posible potencial revolucionario o emancipador. Ven en esta industria al complemento ideológico perfecto para promover y legitimar la dominación y control instrumental al servicio de la clase dominante. Ese texto se dice que no es sino una reflexión crítica, pesimista y romántica, sobre cómo las artes de elite habían perdido lugar frente a la entrada de la radio o el cine y las revistas con fotografías. Después, la idea se amplia y se hace plural: de industria a industrias culturales pero mantiene inconscientemente para sus usuarios esa marca de fábrica. *Néstor García Canclini* las define, en un sentido amplio, como *el conjunto de actividades de producción, comercialización y comunicación en gran escala de mensajes y bienes culturales que favorecen la difusión masiva, nacional e internacional, de la información y el entretenimiento, y el acceso creciente de las mayorías.* En los últimos años, el énfasis en una u otra de estas actividades y funciones ha llevado a nombrarlas como "industrias comunicacionales", "industrias creativas" (creative industries) o "industrias del contenido" (content industries), con lo cual se alude a que son medios portadores de significados que dan sentido a las conductas, cohesionan o dividen a las sociedades. Algunos autores piensan que más allá de esta referencia de origen, lo más importante es que esa manera de ver las "industrias culturales" se queda corta y es muy limitada. Porque en algún sentido todas las industrias son culturales, es decir socio-simbólicamente significativas, algunas de manera más obvia que otras. Digamos que como mínimo habría que aceptar que las industrias de la alimentación, del vestido, del maquillaje y del juguete también son "culturales", o al menos lo son tanto como las del cine y la televisión, la música, la editorial y las gráficas. Se dice esto porque la importancia de unas y otras en tanto productoras de sentido, de simbolizaciones sociales, de representaciones, es comparable. Piénsese por ejemplo en la importancia de la industria del juguete en la formación de representaciones de ideas de género, clase o grupo social, etc., en lo cual por supuesto no puede soslayarse la importancia de los modos de consumo o utilización de sus productos, los juguetes, en contextos sociales específicos. Por lo anterior prefieren utilizar denominaciones específicas descriptivas de distintas ramas de industria, como por ejemplo del entretenimiento, de la alimentación, de comunicaciones, del vestido, del maquillaje, del libro, del cine, de la televisión, de la música, del juguete, etcétera. Aunque como sabemos, existen muchas relaciones entre las distintas industrias. Lo importante al hablar de industrias culturales es no generalizar y tener conciencia de la industria en particular de la que se habla. Hay que dividir industrias culturales de lo que son industrias creativas. Las primeras son las que aportan valor económico a un territorio, servicios, generan empleo, aportan visibilidad a un lugar y son sectores del turismo. Son un factor de lucro importante y se deben considerar como un sector estratégico dentro de la economía. Las industrias creativas, en cambio, son los contenidos de creación o los intangibles. Aquellos que alimentan lo que será el mercado a futuro. No trabajan productos sino las ideas en sí y están más vinculados al concepto de ciudadanía y acceso a la cultura. La UNESCO estima que en las últimas décadas, que el mundo se ha trasformado a gran velocidad, la globalización de la economía, las comunicaciones y la cultura, así como la revolución digital y la reorientación productiva hacia una economía de servicios y de innovación, han concedido un papel central a las industrias culturales y creativas. Como indican numerosos analistas latinoamericanos, estas industrias –cuya materia prima es la capacidad para imaginar e innovar– se están convirtiendo en un sector estratégico para el desarrollo productivo, la competitividad y el empleo, pero también para la construcción de consensos, la circulación de la información y los conocimientos. El 14 de marzo de 2012 el Fondo Internacional para la Diversidad Cultural de la UNESCO lanzó su tercera convocatoria de solicitudes de financiamiento para programas/proyectos y solicitudes de asistencia preparatoria que tienen por objeto propiciar la creación de un sector cultural dinámico a nivel nacional y/o local, principalmente a través de actividades que faciliten la introducción de nuevas políticas e industrias culturales, o que refuercen aquellas ya existentes, en un esfuerzo para el desarrollo y puesta en práctica de políticas culturales, el refuerzo de capacidades de emprendedores culturales, el mapeo de industrias culturales y la creación de nuevos modelos de negocio en las industrias culturales. Podemos concluir diciendo que las industrias culturales, en todas sus extensiones, constituyen un verdadero reto para el futuro de la cultura y que la tarea, como lo indica la UNESCO, consiste en reforzar las capacidades locales y el acceso a los mercados mundiales de los países gracias a nuevas asociaciones, la ayuda de expertos, la formación, la lucha contra la piratería y el fortalecimiento de la solidaridad internacional en todas sus formas. Yo me pregunto ¿por qué Tijuana no está en la Red de Ciudades Creativas?

Patrimonio Cultural

¿Qué es entonces pensar en el patrimonio, en el arte de la ciudad? Lo que hoy se define, mañana cambia: "Los conceptos viajan. Por lo tanto, la cuestión no debe ser definir, sino que los artistas deben preguntarse, cómo recomenzar, más allá de un patrimonio establecido". Néstor García Canclini

A lo largo del siglo XX fue surgiendo un concepto que con el tiempo se ha revelado como amplio y diverso: el Patrimonio Cultural. Actualmente se entiende como tal el conjunto de manifestaciones materiales e inmateriales de los modos de vida y aprovechamiento del territorio por parte de las comunidades humanas. Dentro de tal definición encuentra cabida una amplia gama de elementos y recursos, que van desde los "patrimonios" tradicionales (arquitectónico, arqueológico, documental) hasta las manifestaciones de la creación artística contemporánea, pasando por la tradición oral o los paisajes culturales, entre otros muchos ejemplos. Generalmente limitamos el concepto a lo "antiguo" cuando en realidad el patrimonio cultural lo vamos construyendo día a día. Por ello es importante entender que el Patrimonio Cultural es una pieza clave en las estrategias de desarrollo sostenible, y marca buena parte de los debates sobre el acceso a la Cultura y la exclusión social. De ello se deriva la necesidad de su gestión desde parámetros de equidad, multidisciplinariedad y democracia. En la actualidad la responsabilidad principal en la preservación del patrimonio mexicano corresponde al Instituto Nacional de Antropología e Historia (INAH), en lo que toca a la custodia del patrimonio paleontológico, arqueológico e histórico de los periodos prehispánico, virreinal y siglo XIX; y al Instituto Nacional de Bellas Artes (INBA), en cuanto al patrimonio artístico del siglo XXI. La legislación en los estados deja fuera mucho del patrimonio contemporáneo. Hoy son varios los documentos internacionales que consolidan una visión amplia y plural del patrimonio cultural, que valoran todas aquellas entidades materiales e inmateriales significativas y testimoniales de las distintas culturas, sin establecer límites temporales ni artísticos, considerando así las entidades de carácter tradicional, industrial, inmaterial, contemporáneo, subacuático o los paisajes culturales como garantes de un importante valor patrimonial. Por otro lado la UNESCO define que el patrimonio cultural inmaterial es: *Tradicional, contemporáneo y viviente* a un mismo tiempo. El patrimonio cultural inmaterial no solo incluye tradiciones heredadas del pasado, sino también usos rurales y urbanos contemporáneos característicos de diversos grupos culturales. *Integrador:* podemos compartir expresiones del patrimonio cultural inmaterial que son parecidas a las de otros. Tanto si son de la aldea vecina como si provienen de una ciudad en las antípodas o han sido adaptadas por pueblos que han emigrado a otra región, todas forman parte del patrimonio cultural inmaterial: se han transmitido de generación en generación, han evolucionado en respuesta a su entorno y contribuyen a infundirnos un sentimiento de identidad y continuidad, creando un vínculo entre el pasado y el futuro a través del presente. El patrimonio cultural inmaterial no se presta a preguntas sobre la pertenencia de un determinado uso a una cultura, sino que contribuye a la cohesión social fomentando un sentimiento de identidad y responsabilidad que ayuda a los individuos a sentirse miembros de una o varias comunidades y de la sociedad en general. *Representativo:* el patrimonio cultural inmaterial no se valora simplemente como un bien cultural, a título comparativo, por su exclusividad o valor excepcional. Florece en las comunidades y depende de aquéllos cuyos conocimientos de las tradiciones, técnicas y costumbres se transmiten al resto de la comunidad, de generación en generación, o a otras comunidades y *Basado en la comunidad:* el patrimonio cultural inmaterial sólo puede serlo si es reconocido como tal por las comunidades, grupos o individuos que lo crean, mantienen y transmiten. Sin este reconocimiento, nadie puede decidir por ellos que una expresión o un uso determinado forma parte de su patrimonio. Quiero terminar con una reflexión de *Néstor García Canclini*: "Además de una realidad de carácter material, los itinerarios culturales entrañan un elemento dinamizador que actúa como un hilo conductor o cauce a través del cual han fluido los vasos comunicantes del proceso civilizador. En su seno, y a lo largo de la historia, se han producido múltiples flujos y reflujos con aportaciones enriquecedoras para el conjunto, emanadas desde los diversos puntos de su recorrido. Ese fluido vital de la cultura se manifiesta en el espíritu y las tradiciones que constituyen el patrimonio intangible de los itinerarios culturales. Así, junto a los bienes patrimoniales de carácter material o tangible, dichos itinerarios representan un crisol de bienes inmateriales que explican el alma de los pueblos. Si a través del estudio y promoción de un itinerario cultural logramos que esa esencia profunda sirva para construir un espacio de reencuentros, habremos

contribuido de forma sustantiva a superar algunos de los grandes lastres que la humanidad aún sigue arrastrando: el racismo, la segregación, la discriminación, el aislacionismo, la falta de solidaridad, las barreras a la información y al conocimiento, etc. A través de los itinerarios culturales entendidos como elementos dinamizadores de la sociedad, el patrimonio histórico puede ser considerado en su dimensión viva, como pilar de desarrollo integral y sostenible".

Cultura para construir ciudadanía

"El arte y la cultura son componentes vitales en la formación de ciudadanía y la construcción de ciudad y por esa razón, en mi primera administración, aumentamos en 400 por ciento el presupuesto del sector cultura". Antanas Mockus, exalcalde de Bogotá .

La ciudad es mucho más que un proceso urbanístico, hay en juego un sinnúmero de sinergias que se dan entre las instituciones y los espacios culturales y que nos brindan la posibilidad de un aprendizaje en la ciudad. Aprender de su pasado y de su presente, abriendo la posibilidad de vislumbrar el futuro. El moderno sentido de lo político equivale, de alguna manera, a concretar el sentido de la libertad. *Edgar Faure* comenta que: "Lo político en la esfera pública, en la gestión del territorio y en la ciudad, es la gestión del valor de libertad, de permanencia para todos en un espacio, del arraigarse y del asentarse en un lugar, y el de establecerse en el tiempo por tener poder de decisión y capacidad de exigir ese espacio". La sensibilización política hacia la necesidad de una democracia integral de la sociedad, obliga a pensar que la participación de lo cultural como protagonista social y económico, así como el diseño de políticas públicas en materia cultural, en sintonía con las necesidades de la población, serán las tareas primordiales para la construcción de todo nuevo Estado. En

Venezuela se plantearon una pregunta: *¿Cuál sujeto histórico será el objeto de la política cultural futura en el país?* Y llegaron a una conclusión: la comprensión de **la cultura como una parte central del capital social**. De hecho, se evidencia que los países que han sabido apoyarse en ella y potenciarla, han generado a partir de la misma, modelos organizacionales inéditos, conocimientos nuevos, redes de cooperación interna, creación de fuentes directas de empleo y numerosas industrias, entre otros beneficios. Todo ello, se ha traducido en un enriquecimiento de estas sociedades, mejorando su calidad de país y su competitividad. *Carlos A. Camacho Azurduy*, comunicador social boliviano, opina con razón que gestar ciudadanía es, por lo tanto, asumir un compromiso social y político por la transformación gradual de la situación en busca de una vida digna para todos. Es ejercer, mantener y estimular la conciencia cívica de que todos los seres humanos son libres e iguales ante la ley, y tienen que llevar a la práctica de forma cabal y comprometida los mismos derechos y obligaciones, sin distinciones de raza, sexo, nivel socioeconómico, creencia religiosa ni ninguna otra. Los derechos de cada persona están limitados únicamente por los derechos de los demás y por las justas exigencias del bien común. Además, construir ciudadanía en este contexto es favorecer la participación activa de la gente en la edificación y transformación de la sociedad en la que viven conforme a sus propias necesidades e intereses. Lo anterior implica la conducción a un entorno democrático favorable en el cual las personas, tanto individual como colectivamente, puedan ampliar y desarrollar sus capacidades humanas. De este modo, se amplían sus opciones y oportunidades para acceder a mejores condiciones de vida, donde ellos son los principales protagonistas y beneficiarios. Al final los objetivos, a través de la cultura, son democratiza el tejido cultural del país, establecer un modelo de gestión de las oferta de bienes y servicios culturales de consumo colectivo que permita la optimización, tanto del acceso como del uso, de la oferta existente y, su articulación económica con los nuevos procesos de la recuperación del país. Animar la Regionalización, descentralización y desconcentración de la acción cultural. Reordenar la Administración Pública Cultural. Diseñar Políticas Culturales ajustadas a los Planes Nacionales, Regionales e internacionales de Desarrollo. Estimular la Participación privada en el desarrollo cultural. Fomentar la organización de las Redes Sociales y Culturales. En fin, la búsqueda de la conformación de una cultura ciudadana puede ser muy bien trabajada desde la educación, creando espacios de reflexión donde se proporcione a las personas herramientas para reapropiarse de los mensajes y formar un pensamiento responsable y fundamentado y de esta manera generar un ciudadano más responsable, crítico y creativo.

Red de Ciudades Creativas

"Ciudad-limbo y, al mismo tiempo, ciudad-vital y hermosa en su aparente simpleza". Josué Vega López, editor y escritor.

La Red de Ciudades Creativas fue lanzada por la UNESCO en octubre de 2004, tras la decisión tomada por el 170° Consejo Ejecutivo. Su objetivo es fomentar el aprovechamiento del potencial creativo, social y económico de, en particular, las colectividades locales y promover de este modo que se persigan en el terreno los objetivos de la UNESCO respecto a la diversidad cultural. Las ciudades elegidas en la red pueden compartir experiencias y crear nuevas oportunidades para sí mismas y para otras ciudades en el marco de una plataforma internacional, en particular para actividades basadas en la noción de Turismo Creativo, una nueva generación de turismo que involucra mayor interacción, donde el visitante interactúa desde un punto de vista educacional, emocional y social con el lugar, con su cultura y su gente, sintiéndose un ciudadano más. Nacida de la experiencia de la Alianza Global para la Diversidad Cultural creada en 2002 por la UNESCO, la Red de Ciudades Creativas comparte con la Alianza Global su voluntad de incentivar las colaboraciones entre el sector público, el privado y la sociedad civil para favorecer el desarrollo de las industrias creativas, promoviendo nuevas asociaciones solidarias en el mundo. Esta Red está compuesta de siete redes temáticas, y las ciudades eligen asociarse a una de ellas en función de sus preferencias, y se comprometen a destinar a esta red temática su energía y su talento. Hoy más de la mitad de la población mundial vive en las ciudades. El concepto de las ciudades creativas se basa en la idea que la cultura puede desempeñar un papel importante en la renovación urbana. Los gobiernos tomen cada vez más en cuenta la creatividad cuando se trata de desarrollar nuevas estrategias económicas. Mientras que las industrias creativas contribuyen a la estructura social de una ciudad, la diversidad cultural y la mejora de la vida diaria, refuerzan también sus comunidades y ayudan a la definición de una identidad común. Si se está buscando una manera original de mostrar las tradiciones culturales de la ciudad, de intercambiar experiencias y técnicas específicas, y de desarrollar las industrias culturales locales a través de una plataforma mundial, la nueva economía se asienta rápidamente, provocando un auge de la producción y de los consumos masivos de experiencias culturales únicas. En este contexto, las ciudades capaces de canalizar de forma adecuada la creatividad humana ocupan una posición central. Las ciudades desempeñan así un papel esencial en la transición hacia la nueva economía, ya que albergan espacios creativos con el potencial de generar una demanda mundial para la oferta cultural local. Al proporcionar una plataforma mundial para los activos culturales de las ciudades, la Red de Ciudades Creativas facilita el acceso a las técnicas y conocimientos específicos, la información y las experiencias de todas las ciudades asociadas, con el objetivo de fomentar el desarrollo de las industrias culturales locales y de impulsar el reconocimiento internacional de las ciudades asociadas. Actualmente hay 34 ciudades miembros en todo el mundo, en América solo encontramos a Montreal en Canadá y Buenos Aires en Argentina en la categoría de Diseño, Santa Fe, Nuevo México en la categoría de Artesanía y

Arte popular y Iowa City en Literatura en Estados Unidos y Bogotá como Ciudad de la Música y Popayán como la primera Ciudad de la Gastronomía en Colombia. Las ciudades seleccionadas están habilitadas para utilizar el logo de la UNESCO en las condiciones de la carta gráfica de organización y las ciudades deberán informar a la UNESCO cada año acerca del progreso realizado en la implementación de sus políticas y actividades, tanto a nivel nacional como internacional, en cooperación con otras ciudades. Ciudad Creativa implica realzar la oferta cultural de la ciudad a través de una plataforma internacional, hacer de la creatividad un elemento esencial para el desarrollo económico y social de la ciudad y permite compartir experiencias y conocimientos con otros espacios culturales en el mundo además de contribuir a la capacitación y formación en técnicas empresariales, fomenta la innovación y promueve la diversidad de la producción cultural en los mercados nacionales e internacionales. Latinoamérica es rica en su diversidad cultural, México en particular, ofrece una riqueza cultural que trasciende sus fronteras, en cada estado encontramos un patrimonio invaluable y en cada ciudad iniciativas culturales que sugieren hacer un esfuerzo y adquirir un compromiso como ciudades creativas.

Las Ciudades y la Cultura

"La ciudad se concibe tanto como un lugar para vivir, como un espacio imaginado. Y las representaciones simbólicas o imaginarios urbanos permiten entender cómo el ciudadano percibe y usa la ciudad y cómo elaboran de manera colectiva ciertas maneras de entender la ciudad subjetiva, la ciudad imaginada, que termina guiando con más fuerza los usos y los afectos que la ciudad "real". Néstor García Canclini.

Se trata de entender la ciudad, además de otras estrategias como la económica, la ciudadana o la turística, también como una estrategia cultural. Pero asumiendo que "lo cultural" va más allá de lo que se diseña en las oficinas o dependencias específicamente culturales, que es indispensable "culturizar" los planes estratégicos y las visiones de futuro de la ciudad, y, además, conocer su dinámica cultural real para interactuar con ella. Lo cultural, en las ciudades contemporáneas, requieren entonces de una comprensión articulada entre: las políticas culturales y el marketing de la ciudad: *la vocación económica.* Las políticas culturales y la equidad: *la vocación democrática.* Las políticas culturales y los servicios y la oferta artística y del espectáculo: *la vocación lúdica y del entretenimiento.* Las políticas culturales y las anomalías sociales, el racismo, la xenofobia, la violencia, la exclusión, etc.: *la vocación civilizatoria*. Las políticas culturales, la ciudad y la organización local: *la vocación ciudadana*. Pudiéramos definir a las ciudades que han asumido la cultura como herramienta de desarrollo a partir de distintas vertientes. Una sería aquellas ciudades que están utilizando la *Agenda 21 de la Cultura* en sus políticas urbanas, iniciativa que marca una forma de hacer ciudad con resultados a la vista. Otra vertiente sería la política de sus institutos de cultura como el Instituto de Cultura de Barcelona (ICUB) que se ha consolidado como un referente de un nuevo modelo de gestión que incorpora, a la producción de servicios culturales, una nueva función: la de catalizar y liderar el conjunto amplio de agentes que configuran el sector de la cultura. Es decir hacer del Instituto de Cultura de Barcelona una organización relacional. En los últimos doce años, la ciudad de Bogotá ha sido reconocida internacionalmente por sus transformaciones tanto físicas como humanas. Se ha reforzado la dinámica cultural como parte fundamental del desarrollo humano integral y la calidad de vida de sus habitantes. "Bogotá ha encontrado en la cultura la mejor manera de construir convivencia y el mejor antídoto contra la solución violenta de los conflictos. Esta percepción de la cultura como eje estructurante de la vida social se expresa en los logros alcanzados en lo que respecta al mayor acatamiento de las normas básicas de convivencia, al mejoramiento de la seguridad y al orgullo que hoy sienten numerosas personas por su ciudad". Estos textos pertenecen al documento Políticas Culturales Distritales (2004-2016) de la Alcaldía de Bogotá. Medellín, Colombia decide dejar, en el período 2004 –2007, el manejo de la ciudad a un Movimiento Cívico Independiente (Compromiso Ciudadano), integrado por académicos y líderes de organizaciones comunitarias. La comunidad eligió la continuidad de este proyecto para 2008 –2011. En la década de los 90 Medellín fue considerada como la ciudad "más violenta de América Latina", asociada a violencia, cárteles de la mafia y con los sicarios que hacen pensar en una ciudad caótica, de alta peligrosidad y en estado permanente de guerra. Sin embargo, en los últimos años esto ha cambiado y la situación social y de orden público en las ciudades colombianas de Medellín y Bogotá, ha mejorado considerablemente. A mediados del año 2001, la Secretaría de Cultura de la Ciudad de Buenos Aires puso en marcha el Plan Estratégico de Cultura *"Buenos Aires Crea"* con el objetivo de generar un ámbito de formulación de políticas estables y definidas para el largo plazo en materia de cultura. La visión de la ciudad deseada es la de un Buenos Aires que sea: "centro de creación, producción y difusión de la vida cultural de Latinoamérica y del mundo de habla hispana". El plan estratégico de cultura de Montreal, titulado *Montreal, metrópolis cultural,* abarca un periodo de diez años entre 2005 y 2015. Su punto de partida es una ciudad en la que la cultura ya está presente, en gran medida, en la identidad, la historia, la memoria y la cohesión social de sus habitantes; una ciudad en la que la cultura ya se considera motor esencial de desarrollo y dinamismo económico; una ciudad que apuesta por mantener y reforzar este modelo, y que abre su plan estratégico de cultura afirmando que "la cultura está en el centro del porvenir de Montreal". El Centro Iberoamericano de Desarrollo Estratégico Urbano comenta que la cultura puede influir en diferentes aspectos del desarrollo local: reforzando la identidad y la cohesión social, contribuyendo a la integración de las minorías y los desfavorecidos, mejorando la calidad de vida, generando empleo y contribuyendo a

posicionar la ciudad de cara al exterior. Pero los ayuntamientos tienen una limitada capacidad de actuación en los diferentes ámbitos de la cultura. Por un lado, su incidencia es menor en los sectores culturalmente más relevantes como la industria cultural y mayor en los sectores menos rentables como las artes tradicionales y los servicios socioculturales. El ámbito de intervención cultural propiamente municipal es la difusión, pero se tienen que buscar fórmulas para intervenir en las fases del proceso cultural más desatendidas: la creación y la producción. La dimensión territorial de la cultura se explicita también desde la dinámica económica asociada al término de distrito cultural. Término bajo el cual se desarrollan proyectos urbanos en una zona de la ciudad en la que los espacios dedicados al arte y la cultura constituyen el principal atractivo. A últimas fechas en la ciudad de Tijuana, Baja California, hay iniciativas para reactivar los pasajes de la antigua Av. Revolución con proyectos culturales, iniciativas que apuntan precisamente a constituir un distrito de las artes. El caso del barrio de *Temple Bar* en Dublín es uno de los paradigmas que han servido de modelo en la creación del concepto de Distrito Cultural. Partiendo de fondos estructurales se ha convertido en todo un clásico de referencia de revitalización de centros urbanos y creación de empleo en el sector cultural. Otros ejemplos significativos son el *Cultural Industries Quarter* de Sheffield, *San Telmo* en Buenos Aires o el *Raval* en Barcelona.

"Desde el campo de la cultura, afirmamos la imperiosa necesidad de elevar de manera sustantiva la contribución de las políticas culturales a la generación de condiciones de mayor integración social". *Declaración de la VII Conferencia Iberoamericana de Cultura (Cochabamba, Bolivia, octubre 2003).*

Ciudad, seguridad y cultura

La planificación urbana se diluye en mera anécdota si no la entendemos como aquel proceso que permite ordenar y construir ciudad, poniendo en relación espacio urbano y social en el tiempo. Algunas ciudades (Barcelona, Curitiba, Medellín, Rosario) lo entendieron así en algún momento de su historia. No se trata de ciudades perfectas, ni menos aún de gobernanzas inmaculadas, se trata de entender que la ciudad es una construcción compleja en el tiempo y que su transformación debe establecerse a partir del consenso de los que habitan diariamente para proyectar objetivos comprometidos con el futuro. Celina Caporossi, catedrática de la Universidad Nacional de Córdoba, Argentina.

En el estudio sobre *percepción de seguridad, victimización y cultura ciudadana: sus relaciones en cinco contextos iberoamericanos,* José Ignacio Ruiz de la Universidad Nacional de Colombia y Luis Alfredo Turcios de la Universidad Tecnológica de El Salvador advierten que el miedo al delito es uno de los temas sociales a los que debe dar respuesta la política de los países, por sus posibles repercusiones en los ámbitos públicos de la salud, la economía y la interacción de los ciudadanos con el sistema de justicia. Niveles altos de miedo al delito pueden afectar la conducta social en el espacio público, alimentar los sistemas de vigilancia privada, las formas privadas de justicia y amenazar la democracia a favor de alternativas que prometen seguridad. Este trabajo halló que una mayor *Cultura Ciudadana* se asocia principalmente con mayor satisfacción con la policía, con mejor balance de clima emocional, menos temor al delito y, en menor grado, con menor victimización personal. Retomando la definición de cultura emitida en la *Conferencia Mundial sobre Política Cultural*, realizada en México en 1982, como "el conjunto de rasgos distintivos, espirituales y materiales, intelectuales y afectivos, que caracterizan una sociedad o grupo social. Ello engloba, además de las Artes y las Letras, los modos de vida, los derechos fundamentales del ser humano, los sistemas de valores, las tradiciones y las creencias", La *Ley General de Cultura de Colombia* la define así: "Cultura es el conjunto de rasgos distintivos, espirituales, materiales, intelectuales y emocionales que caracterizan a los grupos humanos y que comprende, más allá de las artes y las letras, modos de vida, derechos humanos, sistemas de valores, tradiciones y creencias". En otras palabras, cultura es todo lo que hacemos, es todo lo aprendido a través de la socialización, es el comportamiento que se refleja a través de las tradiciones, costumbres, idiosincrasia, etc. y que surge en la medida que las sociedades evolucionan, por lo tanto, es una expresión cambiante, a la vez que es interdependiente, es un reflejo de la estructura económica y permite a los individuos miembros de una sociedad diferenciarse de los otros, identificarse con los propios, llevando de esa manera a la formación de una conciencia individual y social. Es la manera total de vivir de un pueblo, el legado que el individuo recibe de un grupo. Resumiendo todo lo anterior, la cultura es un lugar de encuentro que permite el diálogo con la diversidad, es, a su vez, un espacio de búsquedas colectivas y la formulación de un proyecto futuro para los grupos humanos. Por otro lado y para dejar claro los términos llegamos al concepto *Cultura Ciudadana*, puesto en marcha por el entonces Alcalde de Santa fe de Bogotá y ex candidato presidencial en las pasadas elecciones en Colombia, Dr. Antanas Mockus en su primer período de gobierno municipal (1994-1997), y se materializó en el plan de desarrollo *"Formar Ciudad"* como una de las seis prioridades del mismo. Desde entonces, la *Cultura Ciudadana* ha sido entendida como el conjunto de los comportamientos, valores, actitudes y percepciones que comparten los miembros de una sociedad urbana y que determinan las formas y la calidad de la convivencia, influyen sobre el respeto del patrimonio común y facilitan o dificultan el reconocimiento de los derechos y deberes ciudadanos. Encontramos varios planes que abordan el concepto de cultura ciudadana: El *Programa Cultura Viva: Hacia una seguridad sostenible* en la Delegación Venustiano Carranza, en la ciudad de México en 2006 y que toma como fundamento básico la *Seguridad sostenible*: políticas que consideran la desigualdad social como la causa fundamental del delito y buscan minimizar todos los tipos de exclusión (territorial, social, cultural, de edad, género, etc.). Se concentra en la atención de las causas del delito como una medida que en el largo plazo puede transformar positivamente la sociedad. En seguridad sostenible se privilegian 4 áreas de trabajo: *Urbanismo*, promoción de la cooperación de los habitantes en la cualificación de los espacios públicos y la mejora de la vivienda, así como la regeneración del hábitat en zonas marginales para proporcionarles visibilidad y dignidad. *Cultura*, creación de un ambiente de seguridad mediante actividades para la población que favorezcan la integración ciudadana. *Acción socioeconómica y educativa,* acciones preventivas tendientes a generar empleo *in situ,* disminuir la deserción y ausentismo escolar, generar programas de formación para los sectores más vulnerables de la población. *Innovación política y legal,* cambios normativos, organizativos y de gestión, propios de la modernización administrativa, enfocados al acercamiento del gobierno local a la gente y la resolución de los problemas. El plan de Desarrollo 2001-2004 *"Bogotá para vivir todos del mismo lado",* contempló como uno de los seis objetivos del plan, el objetivo de *Cultura Ciudadana.* En Medellín, Colombia el actual alcalde con un fuerte convencimiento de la necesidad de presencia institucional en los barrios, y como un refuerzo a la *Cultura Ciudadana,* dijo: "estamos decididos a no dejar ni un rincón de la ciudad solo". Y agregó: "Caminaré esta ciudad, rincón por rincón, para identificar dónde están las bandas delincuenciales" y lanza el proyecto de los centros de atención inmediata, los *CAI Periféricos,* espacios técnicamente funcionales que se convierten en nuevos referentes urbanos, los cuales a su vez dignifican y generan sentido de pertenencia entre los habitantes de los sectores donde se localizan. De esta manera, la Administración Municipal actual contribuye a generar sentido de pertenencia de los residentes con sus zonas de influencia, y la arquitectura se vuelve plataforma para que los ciudadanos tengan un espacio para la cultura, el civismo, y el sano esparcimiento. Servirán de apoyo a los organismos de seguridad y de justicia para prevenir y contrarrestar las actividades delictivas y promover la convivencia en la ciudad. Se caracterizan por estar ubicados en el perímetro urbano de la ciudad y por el faro o chorro de luz dirigido hacia el cielo. Por su ubicación estratégica facilitará que las autoridades tengan una visual amplia de diferentes sitios de los barrios y así poder actuar de manera rápida para atender los requerimientos de seguridad de la ciudadanía. Los *CAI Periféricos* (Centros de Atención Inmediata) parten del concepto arquitectónico de "edificios públicos como íconos barriales" donde la arquitectura es también protagonista en el paisaje y se generan referentes de ciudad que dinamizan los barrios. En fin, encontramos que en lo que respecta a la ciudad, seguridad y cultura la diferencia la hace el concepto y la acción, actuar… hacer… es la diferencia.

Arte, memoria y ciudad

Yo, como tú, he intentado con todas mis fuerzas de combatir el olvido. Como tú, he olvidado. Como tú, he querido tener una memoria inconsolable, una memoria de sombras y de piedra. He luchado todos los días, con todas mis fuerzas, contra el horror de no comprender del todo el por qué del recordar. Como tú, he olvidado. ¿Por qué negar la evidente necesidad de la memoria? Extracto del film Hiroshima Mon Amour (1959) de Alain Resnais, sobre textos de Marguerite Duras.

Intentar hilvanar los fragmentos de nuestra memoria parece una tarea difícil pero no tanto si el hilo utilizado es el arte. Sobre todo si hablamos de la memoria colectiva, aquella que en la frontera se disuelve en un mar de sueños que se mueven de ida y vuelta. Inasibles, cambiantes, impredecibles. Para comenzar a pensar la problemática de la memoria colectiva es necesario elaborar una definición que incluya las diversas interpretaciones del pasado, partiendo de la premisa de que no existe una única memoria o visión de la historia, sino múltiples relatos. Cuando nos reunimos con otras personas se narran viejas acciones que se transforman en recuerdos. Es posible que las imágenes evocadas reproduzcan inexactamente lo pasado y en todo caso los testimonios de otros nos ayudan a reconstruir nuestros recuerdos. De una u otra forma se mezcla lo que podría llamar memoria histórica, que supone la reconstrucción de los datos proporcionados por el presente de la vida social y proyectada sobre el pasado reinventado, la memoria colectiva que es la que recompone mágicamente el pasado y cuyos recuerdos se remiten a la experiencia de una comunidad puede heredar a una persona o grupo de personas y la memoria individual que en ocasiones se enfrenta a la memoria colectiva y en ocasiones niega a las otras memorias. Pero entonces encontramos al arte como una manera de encontrarnos con el mundo y transformarlo, o al menos entenderlo, o al menos recordarlo. *Carlos Alonso* afirma que "el arte tendría que reflejar los acontecimientos de su tiempo y de su propio lugar, enraizado profundamente con las preocupaciones, con los dolores, los logros y los ideales de su propia comunidad. Si el arte participa de la producción de realidad, entonces, es historia, y memoria de su tiempo". En manos de los artistas, dice *Rodrigo Alonso*, curador independiente, en su artículo *La necesidad de la memoria*, "todo registro, imagen, sonido o palabra accede a un universo de significaciones que supera el nivel de la evidencia". Es en ese nivel, justamente, donde podemos esperar una redistribución de lo sensible que transforme las formas de percibir, escuchar y ver. Si existe alguna posibilidad de arrojar nueva luz sobre ciertos acontecimientos relevantes, si pudiéramos pensar en nuevas lecturas y miradas en relación a situaciones, hechos o personajes engarzados en la historia o la memoria, quizás no debiéramos esperarlas tanto de una revisión más exhaustiva de los registros existentes como de nuevas configuraciones estéticas, nuevos usos de las realidades existentes, nuevas transformaciones del espectro sensorial. El arte contemporáneo ha emprendido hace largo tiempo esa tarea. La confluencia de las imágenes y las palabras del pasado, los recuerdos recuperados, los acontecimientos evocados, los sonidos conjeturados, los hechos sabidos, los horrores intuidos, las heridas no cicatrizadas, las vidas perdidas, la ignorancia infranqueable, con la voluntad de cultivar formas que neutralicen la repetición anodina, las historias oficiales y el avance del olvido, encuentra en la producción artística actual un ámbito de pura potencialidad.

Tal vez la memoria misma es menos histórica que estética. Tal vez en la ciudad está la memoria. Y en la estética de la frontera está la historia.

**CIELO NEGRO
EDITORES
TIJUANA**

¿A quién le importa la cultura?

Armando García Orso
Se terminó de imprimir en
diciembre de 2012
garciaorso@gmail.com

100:

www.ingramcontent.com/pod-product-compliance
Lightning Source LLC
Chambersburg PA
CBHW070549290526
45790CB00002B/619